Margit Knapp

DIE ÜBERWINDUNG DER LANGSAMKEIT

SAMUEL FINLEY MORSE –
der Begründer der
modernen Kommunikation

mare

Die Deutsche Nationalbibliothek verzeichnet diese Publikation
in der Deutschen Nationalbibliografie; detaillierte bibliografische Daten
sind im Internet unter http://dnb.ddb.de abrufbar.

1. Auflage 2012
© 2012 by mareverlag, Hamburg

Lektorat Meike Herrmann
Karten Peter Palm, Berlin
Typografie und Einband Farnschläder & Mahlstedt, Hamburg
Schrift Caslon
Druck und Bindung CPI Clausen & Bosse, Leck
Printed in Germany
ISBN 978-3-86648-139-8

www.mare.de

I

VOM KÜNSTLER ZUM ERFINDER

Im Juli 1811 unternahm Samuel Finley B. Morse auf dem Segelschiff *Lydia* seine erste große Reise. Er war zwanzig Jahre alt und fuhr von New York nach Liverpool. Der junge Morse hatte sich bei seinen Eltern durchgesetzt.

Im Hafen von New York standen Mrs. Elizabeth Anne Breese und Jedediah Morse und winkten ihrem Sohn. Die Mutter hatte ihm das Versprechen abgerungen, ihr sofort nach seiner Ankunft in London zu schreiben. Der Junge würde ihr fehlen.

Der Vater, der calvinistische Geistliche und Geograf Jedediah Morse, wünschte seinem Sohn eigentlich eine solide berufliche Karriere, etwas Kaufmännisches, ein Angestelltendasein. Nach den Studienjahren in Yale hatte er Samuel Finley in der Buchhandlung des Verlegers seiner geografischen Werke Daniel Mallory untergebracht, in der Hoffnung, auf diese Weise seinen Geschäftssinn zu wecken. Doch das Herz des Jungen schlug für die Malerei, das hatte sich bereits in den Schuljahren abgezeichnet, und er war weit davon entfernt, auch nur in Ansätzen das ökonomische Gespür zu entwickeln, das sich der Vater für den Sohn erhoffte. Als sich die einmalige Gelegenheit für Samuel Finley bot, bei Washington Allston an der Londoner Kunstakademie zu studieren, traf Mr. Morse nach langem Überlegen und vielen Gesprächen mit seiner Frau seine Entscheidung. Er würde seinen Sohn nach London schicken und ihm eine Karriere als Künstler ermöglichen, obwohl die Malerei in den besseren Bostoner Kreisen zu Beginn des neunzehnten Jahrhunderts keineswegs als ehrenwerte, ja nicht einmal als ernsthafte Betätigung galt. Um die finanzielle Unterstützung, die er dem Sohn gewährte, in sicheren Händen zu wissen, setzte er einen Vermögensverwalter für Finley ein, Mr. Bromfield, einen in England lebenden Bekannten, dem er vertraute. Alles war gut geplant und durchdacht. Doch trotzdem machte Jedediah Morse sich Sorgen.

Samuel Finley Morse sah die Menschenmenge im Hafen kleiner werden und die Silhouette von New York langsam im Dunst verschwinden. Er war im Begriff, Amerika zu verlassen und sich seinen größten Wunsch zu erfüllen.

»Ich gehe nach London und werde berühmt, ich, Samuel Finley Breese Morse!«, rief er ins weite Meer hinaus.

Samuel Finley hatten ihn die Eltern nach dem Großvater mütterlicherseits, der Professor in Princeton war, genannt; der Mutter zu Ehren fügten sie noch ihren Familiennamen hinzu, Breese. In der Familie aber wurde der Junge Finley gerufen.

Finley empfand eine tiefe Dankbarkeit dafür, dass ihm seine Eltern diese Reise ermöglicht hatten. Lang genug hatte er ihnen Kummer bereitet. Er war kein besonders motivierter Schüler gewesen, doch nun wollte er seinen Weg mit Disziplin und Ausdauer gehen. Er war frei, voller Energie und Unternehmungslust. Die Zukunft schimmerte für Finley so bunt wie die Malereiutensilien, die er in dem großen Überseekoffer seines Vaters mit sich führte.

Nun würde endlich auch er zeigen können, was in ihm steckte. Bislang hatten seine beiden jüngeren Brüder Sidney und Richard die Erwartungen der Eltern weitaus mehr erfüllt als er, der Älteste. Die drei Söhne wurden innerhalb von fünf Jahren geboren und waren die einzigen Überlebenden von elf Kindern. Obwohl die Eltern alle drei ihre »lieben Jungen« nannten, spürte Finley schon früh, dass er das Sorgenkind der Familie war. Die streng religiöse Erziehung seines Vaters, des Pastors, wollte bei ihm nicht so recht anschlagen. Er wuchs in einer frommen Familie auf, aber der Wille zur Opferbereitschaft und Demut fehlte ihm. Er war ein

8

aufmüpfiges, unfolgsames Kind. Bereits sein erstes Zeugnis hatte die Eltern enttäuscht. Seine Grundschule, die calvinistische Phillips Academy, war von der Familie Phillips zur »Förderung wahrer Frömmigkeit und Tugend« gegründet worden; bei Finley aber war es mit der Tugend so eine Sache. Im Unterricht schweiften seine Gedanken ab, und er hörte nicht, was die Lehrer sagten. Er erinnerte sich noch gut an die Strafpredigt, die ihm der Vater nach seinem ersten Zeugnis gehalten hatte. Acht Minuspunkte für Rechtschreibung und achtzehn Minuspunkte für Flüstern.

Der Vater war als guter Puritaner von der Kraft der Erziehung überzeugt, warnte seinen Sohn vor Wankelmut und versuchte, ihm Selbstbeherrschung beizubringen, indem er eine genaue Abrechnung über die Taschengeldausgaben verlangte. Auch legte er Regeln fest, an die sich der kleine Finley zu halten hatte:
– Nach dem Aufstehen als Erstes in der Bibel lesen und beten.
– Danach mit kaltem Wasser Gesicht und Hände waschen.
– Gutes Benehmen beim Frühstück.
– Konzentration im Unterricht.

Die Briefe, die der Achtjährige vom Vater bekam, enthielten weitere Anweisungen:
»Verwende keine vulgären Ausdrücke!«
»Halte die Feder gerade!«
»Beende jeden Deiner Briefe mit den Worten: ›Ich bin Euer liebevoller und gehorsamer Sohn S. F. B. Morse.‹«
Finley ließ sich von den vielen Anweisungen erst gar nicht einschüchtern. Er antwortete lange Zeit einfach nicht auf die Briefe des Vaters.
Seinen ersten Brief an ihn schrieb er am 2. August 1799 von der Phillips Academy in Andover, New Hampshire:

9

»Dear Papa,
I hope your are well I will thank you if you will Send me up
Some quils. Give my love to mama and NANCY and my little
brothers pleas to kis them for me and send me up Some very
good paper to write to you
I have as many blackberries as I want I go and pick them
myself.
Samuel Finley Breese Morse, your son 1799«
(I, S. 3)

Der Brief endete mit »Dein Sohn«, das anbefohlene »gehorsam«
fehlte.

Während sich der Vater von der strengen Seite zeigte, war die
Mutter für den Zuspruch zuständig. Sie belohnte selbst die kleinen Erfolge ihres Sohnes mit Süßigkeiten. Auch durfte er, wenn
in der Schule alles gut lief, öfters nach Hause nach Charlestown
kommen. Finley war gern daheim bei seinen Eltern und den kleineren Brüdern in Massachusetts. Die Phillips Academy lag neun-
zig Meilen nördlich von Boston, was für Finley eine zweitägige
Reise in der Kutsche bedeutete. Boston war von Charlestown in
weniger als einer halben Stunde zu Fuß zu erreichen. Wie oft hatte
er mit seiner Mutter auf diesem Weg die Charles-River-Brücke
überquert. Er sah seine kleine Jungenhand vor sich, fest in der
Hand der Mutter liegend. Stets hatte die Mutter ihm verlässlichen
Schutz gewährt und gleichzeitig sein störrisches Streben nach Unabhängigkeit unterstützt.

Gern würde er ihr jetzt schon vom Schiff aus eine Nachricht zukommen lassen. Er wusste, dass sie um sein Wohlergehen bangte.
Elizabeth Breese stammte aus einer Seefahrer- und Händlerfami-
lie und kannte die Gefahren der Meere.

Die See ist ruhig, könnte er ihr berichten, hab keine Sorge. Finley sah zu den Segeln hoch, in die gleichmäßig ein leichter Nord-
wind blies. Die ersten Sterne zeichneten sich am Himmel ab. Der

Kapitän der *Lydia* wünschte den Reisenden eine gute Nacht. Das Deck leerte sich, und auch Finley begab sich in seine Kajüte, um das Abendgebet zu sprechen.

Mit ihm an Bord waren der amerikanische Maler Washington Allston und seine Frau. Allston hatte der junge Morse diese Reise überhaupt zu verdanken. Er war es gewesen, der Finleys Eltern überzeugt hatte, ihrem Sohn eine Künstlerkarriere zu ermöglichen. Seine positive Beurteilung von Finleys ersten Bildern, die Bestätigung, dass der Junge begabt sei, hatten Elizabeth und Jedediah Morse darin bekräftigt, Finley in Allstons Obhut zu geben. Ein Pastor würde aus ihm nicht werden, das sahen sie ein. Und sie wussten, dass Finley im Ausland studieren musste, wenn er ein erfolgreicher Maler werden wollte.

Kennengelernt hatten sich Finley und Washington Allston in New Haven, Connecticut, am Yale College, das Finley nach der Grundschule besuchte. Es war Finleys letztes Jahr in Yale, und er hatte erfahren, dass Allston bald nach England gehen würde. Am Yale College tat sich Finley nicht besonders hervor. Homer und Horaz lagen ihm nicht, seine Lehrer waren mit seinen Leistungen unzufrieden. Die Mitschüler nannten ihn mit Spitznamen »Geograf«, da sein Vater als Verfasser der beiden weitverbreiteten Werke *Geography made easy* (Geografie leicht gemacht, 1784) und *American Geography* (Amerikanische Geografie, 1789) im ganzen Land bekannt war.

Das Einzige, was Finley in den Anfangsjahren am College interessierte, war die Kunstklasse, die er mit elf Jahren zu besuchen begann. Mit zwölf malte er bereits kleine Porträts. Ansonsten langweilte er sich in der Schule, und das änderte sich auch nicht, als sein jüngerer Bruder Sidney ebenfalls nach Yale kam. Im Gegenteil. Der vorbildliche Bruder forderte Finleys rebellischen Geist erst recht heraus. Statt zu lernen, trieb sich Finley lieber mit seinem Gewehr auf der Schulter in den Wäldern von New Haven he-

Morse, Familienbild. Finley zwischen Vater und Mutter,
rechts vom Vater Richard und Sidney

rum. Die Jagd fand Finley weitaus interessanter als das mühsame Übersetzen der griechischen Altmeister. Lehrer und Eltern sahen das naturgemäß anders und untersagten es ihm schließlich zu jagen.

In den letzten Jahren in Yale weckten die naturwissenschaftlichen Fächer Finleys Interesse: Chemie bei Professor Benjamin Silliman, der als Herausgeber der bedeutenden wissenschaftlichen Zeitschrift *American Journal of Science and Arts* bekannt wurde, und Naturkunde bei Jeremiah Day. Um den elektrischen Experimenten von Day beizuwohnen, blieb Finley sogar in den Ferien länger in New Haven. Und von Professor Day hörte er den Lehrsatz: »Wenn man den elektrischen Strom unterbricht, wird das Fluidum sichtbar, und wenn er weiterläuft, lässt er eine Spur auf jedem Gegenstand zurück.«

Um der Klasse den Grundsatz praktisch vorzuführen, ließ Day im verdunkelten Klassenzimmer das »Fluidum« durch eine Kette strömen und zeigte den erstaunten Schülern, wie es zwischen den Kettengliedern sichtbar wurde. Finley war tief beeindruckt. Doch es sollte noch besser kommen. Professor Day ließ die Klasse einen Kreis bilden, die Schüler hielten sich an den Händen. So konnte er ihnen die Magie des Stroms spürbar nahebringen. Finley schrieb begeistert nach Hause:»Es fühlte sich an, als würde jemand leicht auf meine Arme blasen. Wir spürten es alle im selben Moment. Nie zuvor hatte ich einen elektrischen Schlag bekommen« (I, S. 13).

In den Vorlesungen über Elektrizität saß er mit erhitzten Wangen in der ersten Reihe, machte sich gewissenhaft Notizen und erarbeitete sich auf diese Weise ein theoretisches Grundwissen, das ihm später sehr nützlich sein sollte. Die Physik war eine junge Wissenschaft, und die erst seit Kurzem entdeckte Elektrizität übte eine geheimnisvolle Faszination auf ihn aus. In seiner Fantasie stellte sich der künstlerisch begabte junge Mann Elektrizität in allen Farben vor. Wie funktionierte sie? Welche Überraschungen hielt sie noch für die Wissenschaft bereit? Über diesen Energiezauber wollte er gern mehr erfahren.

Mit sechzehn bezog Finley ein eigenes Zimmer im College. Vorher hatte er außerhalb gewohnt. Seinen schockierten Eltern schrieb er, dass er Brandy, Wein und Zigarren auf sein Zimmer mitnehmen wolle, lauter Dinge, die das calvinistische Elternpaar strikt ablehnte. Finley gab den jungen Lebemann und machte Schulden in der Universitätskantine und für Austern, die er im Ort erwarb. Die Schulden beglich er zum Teil mit Porträtmalerei, zum Teil blieben sie offen. Er wollte so schnell wie möglich weg von Yale. Da war es wie ein Geschenk des Himmels, dass er Washington Allston traf. Die beiden verstanden sich sofort. Finley schrieb an seine Eltern und bat sie um die Erlaubnis, im Winter bei Allston studieren und im Frühjahr mit ihm nach England reisen zu dürfen. Er konnte es nicht abwarten, ihre Meinung zu hören.

Doch die Eltern ließen sich Zeit mit ihrer Antwort. Sie brauchten ein paar Wochen, um bei Allston genauere Erkundigungen über das künstlerische Talent ihres Sohnes und die Studienmöglichkeiten auf dem Gebiet der Malerei einzuholen. Finley kam es vor wie eine Ewigkeit. Kurz vor Schulschluss erreichte ihn endlich der ersehnte Brief. Sie hatten zugestimmt. Zum ersten Mal in seinem Leben freute sich Finley darauf, etwas erlernen zu dürfen: die Kunst der Malerei.

Als er Yale 1810 verließ, trauerte er nur einem Menschen wirklich nach: Jannette Hart. Mit Jannette hatte er Tee getrunken und Abendspaziergänge unternommen, ihr hatte er Milton vorgelesen. Jannette war Finleys erste romantische Schwärmerei gewesen, und sie fehlte ihm.

Nach dem College sollte er auf Wunsch seines Vaters erste Berufserfahrung in der Bostoner Buchhandlung Farrand & Mallory sammeln. Finley wusste, dass sein Vater es gut gemeint hatte, als er ihm diese Arbeit bei seinem Verleger Daniel Mallory verschafft hatte, aber er konnte sich einfach nicht damit anfreunden, herumzustehen und Bücher zu verkaufen – sosehr er Bücher mochte, wenngleich, in den Augen seiner Eltern, die falschen. Finley hatte die Essays des gottlosen Montaigne verschlungen, und das war bei seinem frommen Vater gar nicht gut angekommen.

Die Mittagspause nutzte Finley für einen Kurs in Anatomie, und abends nahm er oft den Umweg über das Atelier von Allston in der Bostoner Court Street. Inspiriert und ermuntert von seinem Vorbild, setzte er schließlich seinen Heimweg über die Charles-River-Brücke fort und verbrachte die Abende im elterlichen Pfarrhaus damit, sich in seinem Zimmer über der Küche in der Landschafts- und Porträtmalerei zu üben. Er war der stolze Besitzer einer elektrischen Lampe, eine der ersten, die es in Neuengland zu kaufen gab. So malte er nicht länger in dem flackernden Licht der Öllampen, das so viel Unruhe mit sich brachte, sondern unter gleichförmigem elektrischem Licht. Finley konnte es gar nicht glauben, wie scharf und hell abends die Farben strahlten. Es war magisch.

Finley war voller Dankbarkeit für Allston, der ihm die Erfüllung seines Traums erst ermöglicht hatte. Doch während der Überfahrt von New York nach Liverpool begegneten die beiden einander kaum. Der Jüngere wagte es nicht, den Älteren zu stören, und der Ältere dachte, es sei besser, den Jungen auf dessen erster großer Reise mit seinen Gedanken allein zu lassen.

Erst als der Hafen von Liverpool in Sicht kam, suchte Allston seinen Schützling auf, um ihm Mut zuzusprechen, den der junge Finley in diesem Moment gut gebrauchen konnte. Denn bei aller Freude über die neue Freiheit wusste er nur allzu genau, dass er nun sein Talent beweisen musste. Allem Anfang wohnt ein Zauber inne, aber jeder Anfang hat auch seine Tücken. Nun gab es kein Zurück mehr. Wenn er versagte, würde er sich schnell in der ungeliebten Buchhandlung in Boston wiederfinden. So gut kannte er seinen Vater. Mit liebevoller Strenge verfolgte der den Werdegang seines Sohnes, und noch war das letzte Wort über dessen Zukunft nicht gesprochen.

Samuel Finley B. Morse, Washington Allston und seine Frau verließen gemeinsam das Schiff. Im Hafen von Liverpool wurde die *Lydia* von Hunderten von Menschen empfangen. Die Engländer erwarteten mit großer Neugierde Nachrichten über die angespannten Beziehungen zwischen Amerika und England. Der britisch-amerikanische Handelskrieg von 1812 warf seine Schatten voraus. Britische Schiffe blockierten schon seit Längerem amerikanische Häfen, und die Amerikaner fühlten sich in ihrem Seehandel mit dem von Napoleon besetzten Europa beeinträchtigt. Die *Lydia* war mit großem Glück noch durchgekommen.

Finley blieb von diesen Spannungen jedoch unberührt. Bei seiner Ankunft in England war er ganz mit sich selbst beschäftigt. Sieben lange Tage dauerte die Reise von Liverpool nach London in der Kutsche, mit längeren Aufenthalten an Poststationen, an denen Reisende aus- und zustiegen. Eine lange Zeit – bis Finley endlich angekommen war, sich in seinem neuen Zimmer am Fitzroy Square hinsetzen und den versprochenen Brief nach Hause schreiben konnte. Er berichtete von der ruhigen Überfahrt auf dem Schiff, der Ankunft im Hafen von Liverpool, der Kutschfahrt. Und er beschrieb sein einfach eingerichtetes Zimmer mitten im Londoner Künstlerviertel, unweit der London Street, wo die Allstons wohnten, und auch nahe der Newman Street, in der sich die große Wohnung des Malers Benjamin West befand, ein beliebter Treffpunkt der amerikanischen Künstler. In dieser Umgebung fühlte er sich gut aufgehoben. Die Stadt fand er überwältigend. »Völlig anders als alles, was ich bisher gesehen habe«, schrieb Finley. »Ganze Wälder von Spitzen und Türmen ragen aus allen Richtungen empor.« Als er an den Schluss seines Briefes gelangte, setzte er noch hinzu: »Ich wünschte, ich könnte Euch diesen Bericht in einem einzigen Augenblick übermitteln. Aber dreitausend Meilen kann man nicht in einem einzigen Augenblick überspringen, sodass wir vier lange Wochen warten müssen« (I, S. 28).

Da klang sie schon von ferne an, die Vision der Telegrafie, die Sehnsucht nach einer schnellen Kommunikation. Noch aber ging Finleys Bestreben in eine andere Richtung: Mit Elan und Eifer wandte er sich der Malerei zu. Washington Allston machte ihn mit Benjamin West bekannt, dem Präsidenten der Royal Academy, der Kunstakademie. In den Künstlerkreis um Benjamin West aufgenommen zu werden, war für Finley ein bedeutender Schritt. Der Präsident der Akademie hatte schon viele amerikanische Künstler in London beeinflusst, darunter Washington Allston selbst, aber auch Gilbert Stuart, Thomas Sully oder Charles B. King. Die Schüler verehrten West bereits damals als den ersten bedeutenden amerikanischen Maler, als der er noch bis heute gilt. Seine hohe, fliehende Stirn und die eng aneinanderliegenden Augen unter den dichten Augenbrauen verliehen ihm ein einprägsames Aussehen. Wer ihm einmal begegnet war, der vergaß ihn nicht.

Finley gab sich West gegenüber zurückhaltend, um seine Unsicherheit zu verbergen. Doch der große Meister nahm den jun-

16

gen Amerikaner, den ihm Allston als kleinen Hitzkopf beschrieben hatte, wohlwollend auf. Er zeigte ihm sogar eine Skizze für ein neues eigenes Bild, »Christus vor Pilatus«, ein Privileg, das sonst nur seinen vertrautesten Schülern vorbehalten war.

Finley bereitete sich diszipliniert und gewissenhaft auf die Aufnahme in die Kunstakademie vor. Dreißig Studenten wurden aufgenommen, und Finley wollte bei dem Werk, mit dem er sich für die Akademie bewarb, sein Bestes geben. Bei der Wahl der Technik riet ihm zwar die Vernunft, eines der mit Allston geübten und erprobten Verfahren anzuwenden, doch die Neugierde auf etwas Neues war stärker. Ein typischer Charakterzug des späteren Erfinders, der zwar Risiken in sich barg, ihm letztlich aber zum Erfolg verhelfen sollte. So zeichnete Finley mit weißer und schwarzer Kreide eine Gladiatorenfigur. Nach dreiwöchiger Arbeit befand er sie für fertig und legte sie stolz Allston und West vor. Doch die beiden Maler erteilten ihm eine Abfuhr. Sie maßregelten den jungen Wildfang, attestierten ihm zwar Begabung, waren mit seinem technischen Können aber nicht zufrieden. Den Umgang mit der Kreide beherrsche er noch nicht richtig.

Finley machte sich sofort wieder ans Werk, schließlich ging es um seine Zukunft. Er verwarf die Idee der Gladiatorenfigur und wählte jene klassische Figur aus, die seiner Meinung nach am schwersten zu zeichnen war: Laokoon. Er brauchte die Herausforderung, alles andere hätte ihn gelangweilt. Doch nun verließ er sich mit der Bleistiftzeichnung auf eine erprobte Technik.

Anfang November 1811 wurde Samuel Finley B. Morse aufgrund seiner Laokoon-Skizze als Schüler der Londoner Kunstakademie aufgenommen. Mit schier unbremsbarem Eifer stürzte er sich in seine neue Aufgabe und malte und zeichnete, wo und wann es nur ging, in der Akademie und zu Hause. Dabei befasste er sich mit historischen Darstellungen gleichermaßen wie mit Porträts und Landschaftsmalereien.

In den ersten Monaten in London wohnte Finley allein, schließlich wollte er sich ganz auf seine Arbeit konzentrieren. Im Dezember lernte er jedoch den drei Jahre jüngeren Charles Leslie kennen, der, mit einem Empfehlungsschreiben von Thomas Sully in der Tasche, ebenfalls bei West zu studieren begann und – wie Finley – zuvor Berufserfahrung in einer Buchhandlung hatte sammeln müssen. Die beiden freundeten sich schnell an und beschlossen, gemeinsam eine Wohnung zu suchen. Sie mieteten mehrere Zimmer in der Great Titchfield Street im Londoner Marylebone District. In diesen Räumen, so hieß es, hatte vorher Robert Fulton gewohnt, der Maler und Konstrukteur des ersten leistungsfähigen Dampfschiffs.

Finley und Charles kritisierten und unterstützten sich und saßen Modell füreinander. So entstanden zwei Porträts von den beiden Freunden, Charles in spanischer, Finley in schottischer Tracht.

Auch das kulturelle Leben Londons genossen sie zu zweit. Finley schwärmte für die Schauspielerin Sarah Siddons, die er für die beste Tragödiendarstellerin hielt, »vielleicht die beste, die jemals gelebt hat« (I, S. 52). Bedauerlicherweise war sie allerdings vollkommen unnahbar – ganz abgesehen davon, dass sie vom Alter her seine Mutter hätte sein können.

Finley war tief beeindruckt von einer Theateraufführung in Covent Garden, die er mit Charles besucht hatte, *Remorse* (Reue) von Samuel Taylor Coleridge. Zu Coleridge bestand ein loser Kontakt, er besuchte Finley und Leslie gelegentlich in ihrer Wohnung. Die Tragödie begeisterte Finley so sehr, dass er Szenen daraus zu malen versuchte. Covent Garden war eines der größten Theater Europas, es fasste dreitausend Besucher.

Leider sind die meisten Bilder aus der Londoner Zeit verloren gegangen. Nur ein Selbstporträt als Maler aus dem Jahr 1812 blieb erhalten. Es zeigt Finley mit einem romantischen Ausdruck, lebendigen Augen und gelockten schwarzen Haaren. In der Hand hält er eine Palette mit Farben.

Morse, Selbstporträt

»Meine Leidenschaft für die Kunst ist so tief verwurzelt, ich vertraue auf sie, keine menschliche Macht könnte sie zerstören«, notierte er in seinem Tagebuch (I, S. 25).

Indes verschlechterte sich die politische Lage. Als Antwort auf Napoleons Handelsblockade der Britischen Inseln hatte die britische Regierung ihrerseits zur Blockade Frankreichs aufgerufen. Am 11. Mai 1812 wurde der englische Premierminister Spencer Perceval, dessen Handelsverordnungen als unpopulär galten, in London erschossen. Im Juni 1812 erklärte der amerikanische Kongress England den Krieg. Eigentlich war Finley ein Gegner der antienglischen Politik des US-Präsidenten James Madison gewesen. In England erleichterte ihm seine proenglische Haltung, die er als Mitglied einer angesehenen Familie aus Neuengland mitgebracht hatte, den Start. Die Engländer nahmen ihn freundlich auf, und Finley war überzeugt davon, dass sie gar keinen Krieg wollten. Doch als die Feindlichkeiten begannen, erkannte er, dass er sich getäuscht hatte, und änderte seine Meinung. Er schrieb an seine Eltern, dass er nun voll und ganz aufseiten der Amerikaner stehe. Die Stimmung in London war gereizt. Finley schlief mit einer Pistole unter dem Kissen und überlegte gar, nach Amerika zurückzukehren und der Marine beizutreten. Sein Bruder Richard hatte sich als Freiwilliger gemeldet, um den Bostoner Hafen zu verteidigen, denn dort fürchtete man einen englischen Seeangriff.

Jedediah Morse und seine Frau waren aufrichtig unglücklich über die militärischen Ambitionen ihrer Söhne und gemahnten sie an den Spruch des Familienwappens »In Deo, non armis, fido«, »In Gott, nicht in Waffen vertraue ich«. In ihren Augen war England das letzte Bollwerk christlicher Zivilisation gegen das atheistische Frankreich.

Die antienglischen Äußerungen in den Briefen ihres geliebten Finley nahmen sie trotzdem mit Gelassenheit auf, warnten ihn allerdings davor, sich zu sehr in die Politik einzumischen. Als angehender Künstler in England könne ihm seine antienglische Haltung nur schaden. Finley jedoch löste sich immer mehr aus dem Einflussbereich seiner Eltern und scherte sich nicht darum, wie seine politischen Brandreden von seinen Gastgebern aufgenommen wurden. Er stand auf der Seite Amerikas und wünschte einen amerikanischen Waffensieg, Familienwappen hin oder her.

Sosehr sich Finley auf der Akademie auch um Disziplin bemühte, sein nervöses Naturell holte ihn doch immer wieder ein. Schnell verwarf er Ideen, die er kurz zuvor noch für absolut schlagend gehalten hatte, und es langweilte ihn, sich einem Bild mit der gebotenen Ausdauer zu widmen. Nach einer intensiven kurzen Schaffensphase hielt er seine Werke oft schon für vollendet.

Der lebenserfahrene Lehrer Benjamin West hatte die Schwächen seines Schützlings erkannt, und als ihm Finley eines Tages eine Zeichnung des sterbenden Herkules präsentierte, beschloss West, der Moment sei gekommen, den ungestümen Schüler zu zügeln. Er gab Finley die Zeichnung zurück, mit der Aufforderung, sie fertigzustellen. Finley protestierte, denn in seinen Augen war sie fertig, schließlich hatte er zwei Wochen lang daran gesessen. Doch West blieb hart, und so arbeitete Finley noch eine weitere Woche an seinem Herkules. Als er damit erneut vor seinen Lehrer trat, wiederholte der seine Aufforderung, die Zeichnung fertigzustellen. Er wies Finley auf die Darstellung der Fingergelenke hin, die noch ungenügend sei. Finley konnte seine Enttäuschung nicht verbergen, bemühte sich jedoch weiterhin tagelang, dieselbe Zeichnung zu verbessern. West zeigte sich immer noch nicht zufrieden, gestand seinem Schüler aber schließlich zu, er habe bei dieser einen Zeichnung mehr gelernt als bei einem Dutzend anderer Werke, die er in derselben Zeit hätte beginnen können. Da dämmerte es Finley, worauf sein Lehrer hinauswollte. Er nahm Wests Anregungen ehrfürchtig auf. Künftig würde er sich um ein disziplinierteres Arbeiten bemühen.

Während er West verehrte, war er dem jüngeren Washington Allston freundschaftlich und treu verbunden. »Ich stehe zu Allston wie ein Komet zur Sonne«, schrieb Finley in sein Tagebuch (I, S. 102). Er hatte nicht vergessen, dass es Allston gewesen war, der ihn aus der Klammer der väterlichen Bestimmung befreit hatte. Wie weit weg schienen ihm doch die Monate in der Buchhandlung zu liegen, und erst recht die Jahre im Yale College.

Nachdem sich Finley so ausführlich mit der Herkules-Zeichnung beschäftigt hatte, nahm er sich als Nächstes eine Gipsfigur vor. Sie sollte ihm eigentlich als Modell für ein Herkules-Gemälde dienen. Da er nun aber bemüht war, präzise zu arbeiten, formte er so lange an der einen halben Meter großen Figur, bis sie weit mehr als nur ein Modell war und zu einem eigenständigen Kunstwerk wurde. Befreundete Kunststudenten rieten ihm, sich damit für einen Preis zu bewerben, den die Adelphi Society of Arts gestiftet hatte. Es war der erste Wettbewerb, an dem der junge Künstler teilnahm. Und er gewann ihn. Der Duke of Norfolk überreichte Finley die goldene Medaille der Gesellschaft für Schöne Künste. Zeitgleich hatte er auch mit seinem Gemälde »Sterbender Herkules« Erfolg. Es war für eine Ausstellung in der Royal Academy ausgewählt worden und bescherte ihm die ersten guten Kritiken. Die Kritiker der bedeutenden Zeitungen Londons zählten sein Bild zu den besten der Ausstellung. Finley hatte es geschafft. Seine Karriere als Maler hatte begonnen.

Nun hätte er sich auf seinem Erfolg ausruhen können. Doch das war nicht das Wesen von Samuel Finley B. Morse. Sein unruhiges Gemüt trieb ihn weiter und Neuem entgegen. Anstatt die ersten Auszeichnungen zu nutzen, um sein Ansehen zu erhöhen, wandte er sich nach kurzer Zeit ab von dem, was er erreicht hatte.

Wohin als Nächstes? Der Grundstein für den künstlerischen Erfolg war gelegt. Nun wollte er seinen Eltern beweisen, dass Maler auch ein finanziell lukrativer Beruf sein konnte, was die wohlsituierten Familien Neuenglands, wie Finley nicht entgangen war, zu gern bezweifelten.

Im Herbst 1813 entschloss sich Finley, für ein paar Monate in die Handelsstadt Bristol zu gehen. Dort erschien es ihm einfacher als in London, Aufträge für Porträts zu bekommen. Und mit der Porträtmalerei, die Finley inzwischen ganz gut beherrschte, ließ sich Geld verdienen. Kontakte, die aus seiner Heimat rührten, erleichterten ihm in Bristol den Einstieg. Ein amerikanischer Geschäftsmann, der Bruder einer Bekannten aus Charlestown, lebte hier und ließ ihn ein Porträt seiner Schwester malen. Außerdem wohnte ein weiterer Gönner in Bristol, Harman Visscher, ein Geschäftsfreund der New Yorker Familie van Rensselaer, die Finley kannte und den jungen Künstler unterstützen wollte. Sein Vermögensverwalter Mr. Bromfield sah mit Entzücken, wie sein Schützling begann, selbstständig Geld zu verdienen. Eintausend Dollar pro Jahr hatten ihm die Eltern als Unterstützung zugesichert, wobei sie mit einem dreijährigen Aufenthalt Finleys in England rechneten. Die Zeit verging schnell, die Monate in Bristol brachten weitere Erfolge, und so bat Finley – zumal er nun auch selbst etwas zu seinem Unterhalt beisteuerte – seinen Vater, ihm noch ein viertes Jahr in England zu gestatten und ihn weiterhin zu unterstützen. Mr. Morse reagierte auf seine ruhige, besonnene Art auf die Bitte des quirligen Sohnes. Er holte über Bekannte und Geschäftsfreunde Erkundigungen über Finley ein. Was er zu hören bekam, missfiel ihm nicht. Finley schien auf einem guten Weg zu sein, und die Eltern gewährten ihm das Jahr.

Den Winter und das darauffolgende Frühjahr verbrachte Finley wieder in London. Er wollte die Chance, die ihm die Eltern gaben, nutzen und an der Akademie seine Maltechniken verbessern. Er malte und zeichnete wie besessen und steckte von West, obwohl er sich um Ausdauer und Disziplin bemühte, weiterhin regelmäßig Kritik ein. Doch zwischendurch gab es auch Lob für sein ungestümes Talent.

Im Sommer kehrte Finley nach Bristol zurück, diesmal in Begleitung von Washington Allston. Auch in der Porträtmalkunst hatte er seine Technik verbessert. So war er guten Mutes, genügend Aufträge zu bekommen. Aber die Stimmung hatte sich geändert. Der Erfolg von Finleys erstem Bristol-Aufenthalt wiederholte sich nicht. Die amerikanischen Maler wurden von der Bevölkerung in Bristol geradezu geschnitten. Selbst die Gönner und Freunde Finleys konnten diesmal nicht viel tun, um Allston und ihn zu unterstützen. Der amerikanisch-englische Krieg zeigte seine Auswirkungen, und die antienglischen Äußerungen, mit denen Finley sich nach wie vor nicht zurückhielt, taten das Ihre dazu. In der feindlichen Stimmung blieben viele der erhofften Aufträge aus.

Und einen der wenigen Aufträge, die er bekam, erfüllte er keineswegs zur Zufriedenheit seines Auftraggebers. Er sollte ein Porträt eines Bürgers aus Bristol anfertigen, eines gewissen James Russell, das ihm ordentlich misslang.

»Meine Wahl des Lichtes, in dem ich ihn zu malen gedachte, war unglücklich; ich hoffte, dies zu meinem besten Bild zu machen, und machte es zu meinem schlechtesten, denn ich ging es zu verzagt an.« So schrieb Finley verzweifelt an seine Eltern (23. April 1815, I, S. 122).

Auch Russells Familie mochte das Bild nicht. Seine vier Töchter fanden den Vater wahrlich in ein schlechtes Licht gesetzt und zu alt dargestellt. Das traf Finley sehr, denn die Töchter waren allesamt sehr hübsch und liebreizend, und die jüngste, Lucy, hatte es ihm besonders angetan. Er fragte sich sogar, ob er sich bei den vielen Besuchen nicht ein wenig in sie verliebt hatte. Doch ein Gefühl wie Liebe gestattete er sich noch nicht. In seiner jugendlichen Begeisterung für die Malerei sollte sein Herz nur der Kunst gehören.

»Ich glaube, dass die Liebe und die Malerei zwei streitbare Gesellen sind und dass das Haus meines Herzens zu klein ist für beide; daher habe ich Mrs. Love ausgesperrt« (Brief aus Bristol, I, S. 123).

Das Herz war verschlossen, der Erfolg ließ auf sich warten, und das Geld wurde knapp. Finley erlebte den zweiten Aufenthalt in Bristol als Niederlage. Enttäuscht kehrten er und Allston nach London zurück.

Bald darauf traf Washington Allston ein schwerer Schicksalsschlag. Vollkommen unerwartet starb seine Frau. Allston war am Boden zerstört, und Finley fürchtete sogar, er würde verrückt werden. Voller Anteilnahme versuchte er, den Freund in seiner Erschütterung zu stützen. Das ging so weit, dass Finley und Charles Leslie beschlossen, Allston bei sich in der Wohnung aufzunehmen. Allston hatte ihm viel geholfen, nun war für Finley der Moment gekommen, seinerseits dem Freund beizustehen.

Wie viel war geschehen, seit Finley hinter Mrs. und Mr. Allston die *Lydia* verlassen und den Hafen von Liverpool betreten hatte. Er hatte seinen Traumberuf gefunden und war Maler geworden. Trotz der ausgebliebenen Aufträge in Bristol zweifelte er keine Sekunde lang an seiner Berufung, und doch sollte die große Zeit für Samuel Finley B. Morse erst noch kommen und ihn auf ganz andere Wege führen.

Der Friedensschluss zwischen Amerika und England im Dezember 1814 ließ in Finley die Hoffnung aufkeimen, in seinem letzten Jahr in Europa als Amerikaner wieder besser gelitten zu sein. Die letzte Schlacht des Seekriegs fand im Januar 1815 statt; die Amerikaner schlugen die englischen Einheiten, die mit fünfzehntausend Mann bei New Orleans gelandet waren. Dass der Krieg durch den Friedensschluss von Gent zu dieser Zeit schon längst beendet war, wusste man in Amerika nicht. Die Nachricht war auf dem Seeweg unterwegs. Morse musste sein Alphabet und den Telegrafen erst noch erfinden, damit solche Situationen künftig nicht mehr eintraten.

In Europa blieb die politische Lage prekär, denn Napoleon kehrte aus seiner Verbannung nach Elba noch einmal an die Macht zurück. Die »Hundert Tage« neuerlichen Krieges durchkreuzten vorerst Finleys neue Pläne. Er wollte nach Paris reisen. Paris, die Stadt aller Träume. Als Künstler konnte man Europa eigentlich nicht verlassen, ohne Paris gesehen zu haben, fand er.

Am 26. Juni 1815 erfuhr Finley in London vom Sieg der englischen und preußischen Armee über Napoleon bei Waterloo. Der Krieg war vorbei. Voller Enthusiasmus schrieb er sogleich an seinen Vermögensverwalter Mr. Bromfield und teilte ihm seine Reisepläne mit. Bromfield jedoch bremste den jungen Morse. Er solle erst die Erlaubnis seiner Eltern einholen. Finley schrieb nach Boston und legte seinen Eltern ausführlich dar, warum ein junger Künstler wie er unbedingt Paris und seine Kunstschätze kennenlernen müsse.

In seiner Bibliothek im Pfarrhaus in Charlestown hielt der Vater den Brief des Sohnes in der Hand und beriet sich lange mit seiner Frau. Die bodenständigen und vernunftorientierten Eltern wogen das Für und Wider ab, ihren Wildfang auch noch nach Paris reisen zu lassen, bevor er zu ihnen zurückkehrte. Sie fürchteten um seine Tugend und Standhaftigkeit und beschlossen, ihm die Reise nur dann zu bewilligen, wenn er in Paris unter die Fittiche ehrbarer Männer käme. So meinten sie sicherzustellen, dass er auf dem richtigen Weg bliebe und unter den Künstlern von Paris nicht den Kopf verlöre.

Mr. Morse schrieb also an den amerikanischen Gesandten Joe Barlow in Paris, mit der Bitte, den hitzköpfigen Künstlersohn unter seine Obhut zu nehmen.

Mehrere Wochen vergingen, bis die Antwort des Gesandten kam, in der er sich bereit erklärte, ein Auge auf den jungen Morse zu werfen. Man solle ihm seine Ankunft mitteilen.

Von alldem wusste Finley nichts. Warum kam so lange kein Brief? Viele Wochen, ja, mehrere Monate waren seit seiner Anfrage vergangen. Jeden Morgen schickte er ein Gebet zum Himmel, der ersehnte Brief möge eintreffen. Doch täglich wurde er enttäuscht. Finley wünschte sich so sehr, sich mit seinen Eltern schneller verständigen zu können. In jenen Tagen beschlich Samuel Finley B. Morse das Gefühl, in die falsche Zeit hineingeboren worden zu sein, und es sollte ihn nicht mehr loslassen, bis er eine der größten Erfindungen des Jahrhunderts machte.

Als nach etlichen Monaten der Brief mit dem positiven Bescheid der Eltern eintraf und sie ihm einen schönen Aufenthalt in Paris wünschten, war es zu spät. Finley hatte die Hoffnung auf eine Paris-Reise aufgegeben und bereits alle Vorbereitungen für die Rückkehr nach Amerika getroffen. Die elterlichen finanziellen Ressourcen waren erschöpft. Ein zweiter Versuch, sich an einem Wettbewerb der Royal Academy zu beteiligen, scheiterte. Seine historische Darstellung »Das Urteil des Jupiter« wurde von der Kommission der Akademie nicht zum Wettbewerb zugelassen, da Finley bei einer eventuellen Auszeichnung nicht mehr in England weilen würde. Benjamin West wollte ihn überreden, noch zu bleiben, doch sein Entschluss stand fest. Er würde zurückreisen nach Amerika und dort als Historienmaler berühmt werden. Obwohl man sein Geld leichter als Porträtmaler verdienen konnte, reizte ihn die Herausforderung der historischen Darstellung. Samuel Finley B. Morse wollte hoch hinaus. In einem Brief an seine Eltern schrieb er: »Wenn ich keine höheren Ideale hätte als die eines erstklassigen Porträtmalers, hätte ich einen anderen Beruf gewählt. Mein Bestreben ist es, unter denen zu sein, die den Glanz des fünfzehnten Jahrhunderts erstrahlen lassen und es mit den Genies Raffael, Michelangelo und Tizian aufnehmen. Mein Bestreben ist es, einst zu dem genialen Gestirn zu gehören, das in diesem Land nun emporsteigt. Ich will leuchten, aber nicht durch ein Licht, das von anderen geliehen ist, sondern ich will mich bemühen, selbst das hellste Licht auszustrahlen« (3. Mai 1815, I, S. 119).

Von Tatendrang erfüllt und im tiefen Glauben an sich selbst und seine Fähigkeiten, trat Finley die Rückreise nach Amerika an. Vier Jahre hatte er in England verbracht, und er hoffte, bald dorthin zurückkehren zu können. Ein Jahr lang wollte er in Amerika als Porträtmaler Bekanntheit erlangen und Geld verdienen. Er nahm sich vor, für seine Porträts vierzig Dollar weniger zu verlangen als sein damals bereits berühmter Kollege Gilbert Stuart, der George Washington gemalt hatte, und hoffte, auf diese Weise zahlreiche Aufträge zu ergattern.

In der Tasche trug er ein Empfehlungsschreiben von Washington Allston, das seinen Eltern Freude bereiten würde. Er hatte ihre Erwartungen erfüllt! Am meisten freute es Finley, dass der Lehrer und Freund ihm Standhaftigkeit bescheinigte. Der junge Morse kehre mit unbefleckter Seele aus einer der gefährlichsten Städte der Welt zurück, schrieb Allston an Finleys Vater und erwähnte auch die liebevolle Aufmerksamkeit, die Finley ihm nach dem Tod seiner Frau erwiesen hatte. Allston bestärkte Mr. Morse darin, dass seine Entscheidung richtig gewesen war. Aus Finley könne ein großer Maler werden, und Allston wünschte ihm von ganzem Herzen, dass er allzeit die nötige Unterstützung finde.

Finley strotzte vor Kraft und Energie. Er freute sich sehr darauf, seine Eltern wiederzusehen, die ihn vier Jahre zuvor am Hafen von New York verabschiedet hatten – mit gemischten Gefühlen, was ihm nicht entgangen war, auch wenn er vorgegeben hatte, nichts zu bemerken. Damals war Finley einer unsicheren Zukunft entgegengereist. Nun kehrte er mit der Überzeugung zurück, in einer sicheren Gegenwart anzukommen.

Bereits die Schiffsreise von Liverpool nach Boston sollte ihn auf harte Zeiten vorbereiten. Die *Ceres,* auf der Finley reiste, wartete zwei Wochen lang im Hafen von Liverpool auf günstiges Wetter. Am 21. August 1815 endlich wehte ein angenehmer Südost. Zweihundert Schiffe verließen an diesem Tag den Liverpooler Hafen und begannen ihre Fahrt. Ein schönes Schauspiel, das Meer war übersät mit weißen Segeln, und Finley genoss den Anblick. Ein kollektiver Aufbruch in die Ferne. Am nächsten Tag waren die anderen Schiffe verschwunden, in alle Winde zerstreut, und die *Ceres* kämpfte allein gegen die Wellen, die direkt von vorn kamen. Die Passagiere wurden einer nach dem anderen seekrank, und auch Finley ging es nicht gut.

Nach zehn Tagen waren sie erst dreihundert Seemeilen weit gekommen. Welch ein Unterschied zur Hinreise! Damals hatten sie nach zehn Tagen bereits die Hälfte der Strecke zurückgelegt, sechzehnhundert Seemeilen.

Am 29. August 1815 schrieb Finley in sein Tagebuch: »Immer noch enttäuscht angesichts beständigen Windes. (…) Wir sind zu sechst, vier Herren und zwei Damen. (…) Unsere Vergnügungen bestehen aus Essen und Trinken, Schlafen und Backgammon. Die Seekrankheit haben wir über Bord geworfen, und wir versuchen, uns den Umständen gemäß zu amüsieren, bisweilen mit Erfolg« (I, S. 126 f.).

Doch nun begann es richtig zu stürmen. Der Wind heulte gefährlich, und es krachte furchterregend, sodass die Passagiere bald keinen Schlaf mehr fanden und die Besatzung betete, die Masten möchten dem Unwetter standhalten. Alle Dampfschiffe hatten damals noch Zusatzsegel.

»Oh, wer führe zur See, wenn er an Land bleiben kann!«, vertraute Finley am 11. September seinem Tagebuch an (I, S. 128). Schreckliche 58 Tage dauerte Finleys Rückkehr auf See, bis er endlich am 18. Oktober notieren konnte: »Zehn Uhr. Cape Ann in Sicht. Elf Uhr. Bostoner Leuchtfeuer in Sicht. Ein Uhr. Zu Hause!!!« (I, S. 139).

Die *Ceres* hatte im Hafen von Boston angelegt.

In Charlestown im Pfarrhaus unter den Ulmen hatte sich nicht viel verändert. Die Eltern empfingen den Sohn mit offenen Armen. Und Finley ließ sich in den Schoß der Familie fallen, er genoss es, die Ratschläge der Mutter nun wieder persönlich entgegenzunehmen und nicht mit wochenlanger Zeitverzögerung und dann noch schriftlich festgemeißelt, wo alles dreifach so ernst gemeint wirkte. Elizabeth würde bald ihren 50. Geburtstag feiern, brachte aber ihren erwachsenen Söhnen immer noch mehr Fürsorge entgegen, als umgekehrt sie von ihnen erwartete. Und nach wie vor wachte das Hausmädchen Nancy über den Haushalt und die Familie.

Von Nancy hatte Finley gelernt, wie man in der Küche Holz stapelte, ihr hatte er zugesehen, wie sie am Herd stand und mit den Töpfen hantierte. Wie oft hatte sie ihn als Kind losgeschickt, über die Zollbrücke nach Boston, um Korrekturbögen für eine Ausgabe eines Geografiebuches seines Vaters abzuholen oder wegzubringen. Nancy Shepherd war für die alltägliche Familienorganisation zuständig gewesen, der beständige gute Geist seiner Kindheit. Sie gehörte genauso zu seinem Zuhause wie seine Eltern und Brüder.

Sein Bruder Sidney hatte inzwischen eine religiöse Zeitung gegründet, den *Boston Recorder*, als dessen Herausgeber er auch fungierte. Beide Brüder widmeten sich zur Freude ihrer Eltern dem Studium der Theologie.

Finley mietete einen großen Raum in Boston an, um seine Bilder dort auszustellen. Wie er es sich vorgenommen hatte, bot er Porträts zu günstigen Preisen an. Für einfache Porträts nahm er sogar nur fünfzehn Dollar, wobei, wenn er eigens dafür reisen musste, kaum etwas für ihn übrig blieb. Es lief nicht so gut, wie Finley gehofft hatte, und er war immer noch dabei, mit Porträts sein Geld zu verdienen, wo er doch eigentlich Höheres im Sinn hatte. Wann wäre die Zeit endlich reif für die Historienmalerei? Für die großen Gemälde, die er im Geiste schon vor sich sah und die ihn berühmt machen würden? Von seinem Ziel war er noch weit entfernt, seine Ausdauer, sein Glaube, Optimismus und Durchhaltevermögen aber gaben ihm Kraft.

Anfang August 1816 reiste Finley für Porträtaufträge nach New Hampshire. Und wenngleich diese Reise für seine finanzielle Lage keine große Verbesserung bedeutete, so sollte sie doch für ihn unvergesslich werden. Denn in Concord, New Hampshire, lernte er Lucretia Pickering Walker kennen.

Lucretia, die sechzehnjährige Tochter eines stadtbekannten Juristen, hatte von der Ankunft des Malers erfahren und wollte ihn treffen. Als sie ihn sah, war sie wie vom Donner gerührt. Finley war ein schöner, attraktiver Mann, groß, elegant, mit stechenden Augen und schwarzem Haar. Sie bot ihm ihre Begleitung an.

Und diesmal hatte Finley in seinem Herzen Platz für die Liebe – und fand sie nun durchaus vereinbar mit der Kunst. Weit weg schienen ihm die Jahre in Yale zu liegen, in denen er für Jannette Hart geschwärmt und sehnsüchtig, mit großen Augen beim Teetrinken neben ihr gesessen hatte. Diesmal war alles anders. Lucretias Familie nahm ihn freundlich auf und lud ihn zum Dinner und Tee ein. Er fühlte sich ermutigt. Ein Glücksgefühl überkam ihn, überwältigend und unwiderstehlich. Wie einfach ihm plötzlich das Leben erschien, wie jung er sich fühlte und wie stark! Er genoss die wunderbare Leichtigkeit, die das Verliebtsein allen Din-

Morse, Lucretia

gen verleiht. Lucretia! Sie wollte er beschützen und immer für sie sorgen. Lucretia war Finleys erste große Liebe. Im Mondschein im Park küsste er sie. Lucretia! Wie schön sie war, und wie sein Herz klopfte, wenn er vor ihr stand.

Bereits einen Monat nach ihrem ersten Treffen waren sie verlobt. Und wenn Finley nicht bei ihr war, vereinbarten sie einen genauen Zeitpunkt, zu dem sie beide den Mond betrachteten und aneinander dachten.

Seinen Eltern teilte er sogleich brieflich mit, dass er jemanden kennengelernt habe. Schließlich sei er nun fünfundzwanzig, alt genug, um sein Junggesellendasein zu beenden. Lucretia war zwar erst sechzehn, doch sein Entschluss stand fest.

»Ich wagte es, ihr mein Herz auszuschütten, und anstelle von unklaren und quälenden Zweideutigkeiten sagte sie mir frank und frei, bescheiden und schüchtern, es sei beidseitig. Niemals war ein menschliches Wesen so selig wie ich« (2. September 1816, I, S. 138).

Sein Vater riet ihm, vorsichtig und respektvoll zu sein, und die Mutter wollte wissen, ob sich die junge Frau im Haushalt zurechtfinde, wie viele Geschwister sie habe und ob sie religiös sei. Elizabeth konnte es kaum erwarten, das Fräulein zu sehen, das das Herz ihres Sohnes erobert hatte.

Dabei berührte die Mutter einen schwachen Punkt. Denn Lucretia stammte aus einer nicht religiösen Familie. Wie er damit umgehen solle, darüber wollte Finley sich später Gedanken machen. Vorerst beantwortete er die Frage der Mutter nicht. Alles zu seiner Zeit. Als Nächstes musste an den Vater von Lucretia geschrieben werden. Finley nahm sein schönstes Briefpapier und suchte höflich, aber bestimmt um Lucretias Hand an. Er ließ Lucretias Vater mittags den Heiratsantrag zukommen. Am späten Nachmittag erhielt er bereits die Antwort.

»Ich habe die werte Zustimmung von Lucretias Eltern. Alles erfolgreich!«, schrieb Finley noch am selben Tag begeistert an seine Eltern (14. Oktober 1816, I, S. 141).

Als glücklicher Verlobter kehrte Finley Ende Oktober nach Charlestown zurück.

Im Februar 1817 kam Lucretia nach Charlestown und eroberte im Handumdrehen die Herzen ihrer Schwiegereltern. Finley ließ seine Verlobte eine Weile allein bei seinen Eltern und fuhr nach Portsmouth, New Hampshire, um dort begonnene Aufträge zu beenden. Diese Zeit allein mit seiner charmanten jungen Schwiegertochter in spe nutzte Jedediah Morse, um dem Mädchen den Glauben nahezubringen. Lucretia erwies sich als gelehrige Schülerin, und als Finley zurückkam, war sie Christin geworden.

Finleys guter Freund Washington Allston versuchte inzwischen, das große Bild »Das Urteil des Jupiter« zu verkaufen, allerdings zunächst ohne Erfolg. Wieder ging ein Jahr ins Land, in dem Finley sich mit Porträtmalerei einen bescheidenen Lebensunterhalt verdienen musste.

Am 1. Oktober 1818 war es endlich so weit. Samuel Finley B. Morse und Lucretia Walker heirateten. Sie gaben sich das Jawort in der Hoffnung, gemeinsam ein langes glückliches Leben zu führen.

Nach der Hochzeit reiste das junge Paar nach Charleston in South Carolina, wo Finley sich als Maler etablieren wollte.

»Lucretia ist wohlauf und zufrieden (…). Sie wird hier hoch geschätzt, und wir sind so glücklich, wie man nur sein kann«, schrieb er an seine Eltern (22. Dezember 1818, I, S. 148).

Mehrere Maler aus New York hatten sich in Charleston niedergelassen, doch Finley fürchtete die Konkurrenz nicht. Im Gegenteil, er mochte die Atmosphäre und verkehrte nur zu gern in Künstlerkreisen. Er fühlte sich in South Carolina so wohl, dass er beschloss, mit einem Großteil seines Hab und Guts nach Charleston umzuziehen. Sein Optimismus war ungebrochen.

»Ich fühle so viel Begeisterung für meine Kunst, ja, ich liebe sie. Wenn es so weitergeht, werde ich in wenigen Jahren unabhängig sein« (Brief an Washington Allston, 4. Februar 1819, I, S. 149).

Finley fragte seine Eltern, ob sie nicht auch für eine längere Zeit nach South Carolina kommen wollten. Finley und Lucretia bewohnten ein Haus, das nur wenige Minuten von Finleys Atelier entfernt lag. Jedediah Morse hatte jedoch in der Kirche von South Carolina mehr Feinde als Freunde. Er galt als strenger orthodoxer Pastor und war daher in Massachusetts besser aufgehoben.

Das junge Paar träumte davon, für immer in South Carolina zu leben. Doch dafür fehlten Finley letztlich die finanziellen Mittel. Den Sommer 1819 verbrachten Finley und seine junge Frau dann aus Geldmangel auch schon wieder in Charlestown, Massachusetts, bei Finleys Eltern.

Dort hatte Lucretia allen eine frohe Nachricht zu überbringen.

Sie war schwanger. Ihre erste Tochter, Susan Walker Morse, kam 1819 in Charlestown zur Welt. Elizabeth hatte nun ein Enkelkind, um das sie sich aufopfernd kümmerte, während Finley bald wieder losziehen musste, um Porträts zu malen und Geld zu verdienen.

Jedediah Morse und Elizabeth beschlossen nach Reibereien in der örtlichen Pfarrgemeinde, im nächsten Frühjahr nach New Haven in Connecticut zu ziehen, wo Finley sich seiner Familie wieder anschließen wollte. Denn Lucretia und das Baby wohnten bei seinen Eltern – so lange, bis Finley genügend verdiente, um ihnen ein eigenes Heim zu schaffen.

»Lucretia und die kleine Susan fehlen mir mehr, als Du Dir vorstellen kannst, und ich sehne das Frühjahr herbei, in dem wir wieder alle in New Haven beisammen sind«, schrieb er am 28. November 1819 an seine Mutter (I, S. 155).

Inzwischen ergab sich für Finley die erste große Chance seiner Malerkarriere: Er wurde angefragt, um ein Porträt des Präsidenten James Monroe anzufertigen. Welch eine Ehre, dass man ausgerechnet ihn ausgewählt hatte! Sollte sich sein Auslandsaufenthalt gelohnt haben und ihm in Kreisen, auf die er keinen Einfluss hatte, den Ruf eines guten Malers eingetragen haben? Umgehend sagte er zu und trat die Reise nach Washington an. Zwei Wochen lang arbeitete er an dem Porträt. Die Bedingungen waren schwierig, denn die Regierungsgeschäfte ließen dem Präsidenten nie mehr als zwanzig Minuten Zeit, um Modell zu sitzen. Oft musste Finley mit seiner Staffelei und Palette stundenlang auf ihn warten. Aber das Ergebnis konnte sich sehen lassen. Der Präsident und seine Familie waren mit Finleys Bild sehr zufrieden. Es sei das einzige Porträt, das ihm wirklich ähnlich sehe, meinte der Präsident, und das war ein großes Kompliment, wenn man bedachte, dass auch Gilbert Stuart ihn gemalt hatte.

»Meines Erachtens sollte ein Mann von seiner Familie nicht oft getrennt sein, es sei denn, die Umstände erfordern es zwingend,

Morse, James Monroe

und das ist im Moment bei mir der Fall«, notierte Finley in seinem Tagebuch (I, S. 155).

Wie schön war das lang ersehnte Wiedersehen im Mai! Er fand alle wohlauf vor, seine geliebte Lucretia und das Töchterchen Susan. Nun wollte er sie so schnell nicht mehr verlassen. An den lauen Sommerabenden unternahmen die Eheleute ausgedehnte Spaziergänge. Hand in Hand standen sie am Fenster, betrachteten gemeinsam den Mond und genossen ihr Glück.

Doch es währte nicht lange. Schon den Winter desselben Jahres, 1820, verbrachte die junge Familie wieder getrennt. Finley hoffte, in Charleston, South Carolina, noch Aufträge zu bekommen, die ihm in Aussicht gestellt worden waren. Allerdings reichten die finanziellen Mittel nicht aus, um Frau und Tochter dorthin mitzunehmen.

Sofort nach seiner Ankunft stürzte er sich wie ein Besessener in die Arbeit und fertigte ein Porträt nach dem anderen an. Abends nagte die Sehnsucht an ihm. Die Wochen vergingen langsam. Finley fühlte sich einsam im Kreis seiner Freunde und Bekannten. Nicht ohne Bitterkeit betrachtete er in den Straßen die lachenden jungen Frauen an den Armen ihrer Männer. Weihnachten verbrachte Finley allein.

»Ich leide diesmal mehr als sonst unter der Trennung, und als ich vor ein paar Tagen das Schiff nach New York losfahren sah, war ich kurz davor, zurückzukommen«, schrieb er am 27. Dezember 1820 an Lucretia (I, S. 157).

Im Winter verschlechterte sich die Auftragslage. Finley bekam immer mehr ablehnende Antworten auf seine Anfragen, auch von Leuten, die ihn noch im Vorjahr gebeten hatten, ein Porträt anzufertigen. Die Stimmung hatte sich gewandelt. Die Wirtschaftskrise hatte Charleston erreicht, die Baumwollpreise waren dramatisch gefallen.

Finley gab sich der Enttäuschung hin. Dafür also brachte er das Opfer, von seiner jungen Familie getrennt zu leben? Doch war auch auf seinen Optimismus Verlass. »Warum sollte mein Himmel stets wolkenfrei sein?«, schrieb er in einem Brief an seine Eltern (27. Dezember 1820, I, S. 158). Schließlich hatte er alles in allem bisher Glück im Leben gehabt. Aufgeben würde er nicht, das war gewiss. Doch musste er einen Weg finden, der ihn von der mühsamen Porträtmalerei wegführte und seinem Ziel, der Historienmalerei, näher brachte. Finley träumte davon, in New Haven eine Kunstakademie zu gründen. Dann könnte er zu Hause bei seiner Familie leben und an großen Bildern malen und gleichzeitig sein Wissen an Schüler weitergeben. Er schrieb mehrere Briefe in dieser Angelegenheit, doch er stieß auf taube Ohren. Eine Kunstakademie brauche man in New Haven nicht, lautete gemeinhin die Antwort der angesprochenen Kunstförderer.

Am 12. März 1821 gebar Lucretia eine zweite Tochter, die nach der väterlichen Großmutter Elizabeth Ann genannt wurde, jedoch nur wenige Tage lebte.

Lucretia musste den Tod des Babys allein durchstehen. Finley war zur Geburt nicht nach New Haven gekommen. Über den Verlust des Kindes wurde kaum gesprochen. Vielmehr konzentrierte sich Finley auf seine Rolle des Familienernährers. Mehr als fünfzig Porträts hatte er in dem Winter in Charleston gemalt und damit viertausend Dollar verdient. Das war gut, und doch weniger als erhofft. Im Spätsommer brachte Finley seine Frau und Tochter zu seinen Schwiegereltern nach New Hampshire. Er selbst fuhr nach New Haven zurück.

Finleys Vision war es, ein großes Gemälde des Repräsentantenhauses anzufertigen. Zu diesem Zweck reiste er nach Washington, wo man die Idee guthieß und ihm einen der Räume im Kapitol als Atelier zur Verfügung stellte. Man empfing ihn dort zuvorkommend und unterstützte seine Arbeit. Der Hauswart erklärte sich bereit, den großen Kerzenleuchter anzumachen, wenn der Künstler es wünschte, sodass der Schein des Kerzenlichts dem Sitzungssaal zusätzlichen Glanz verlieh.

Finley hoffte, über siebzig Mitglieder des Repräsentantenhauses porträtieren und auf ein Bild bannen zu können. Er war mit Feuereifer bei der Sache, fühlte sich ermutigt und hatte für das elf mal siebeneinhalb Fuß große Bild ein ganzes Jahr Arbeit vorgesehen.

Als es fertig war, war es ein hervorragendes Werk geworden, hoch geschätzt von Finleys Künstlerkollegen – ein großer Achtungserfolg, aber eine finanzielle Enttäuschung. Die Ausstellung, in der er das Gemälde präsentierte, fand viel weniger Besucher als erwartet und war für Finley ein Verlustgeschäft. Schließlich verkaufte er das Bild an einen Engländer und verlor es aus dem Blick – bis es fünfundzwanzig Jahre später in erbärmlichem Zustand in New York auftauchte und von Finley selbst restauriert wurde, so gut es ging.

Am 17. März 1823, in einer Zeit, in der sich Entmutigung und

Hoffnung für Finley abwechselten, wurde sein Sohn Charles geboren. Finley wäre ein glücklicher Familienvater gewesen, hätte er nur den täglichen Existenzkampf ein für alle Mal gewinnen und für seine Familie sorgen können.

Am 27. Mai 1823 konnten Finleys Brüder einen Erfolg feiern. An diesem Tag erschien die erste Nummer des *Observer* in New York, einer religiösen Wochenzeitung, die Sidney und Richard gemeinsam nach dem Vorbild des *Boston Recorder* gegründet hatten und deren Herausgeber sie auch waren. Das erste Redaktionsbüro befand sich in der Wall Street 50.

Wie Finley mochte Sidney es, eigene Wege zu gehen und neue Dinge auszuprobieren. Schon im Frühjahr 1817 hatten die Brüder gemeinsam Modelle eines Apparates angefertigt, den sie scherzhaft »Morses patentierten, in Metall ausgeführten, zweiköpfigen, ozeantrinkenden und sintflutverscheuchenden Ventilpumpapparat« nannten. Es war eine Art Handpumpe, zum Feuerlöschen gedacht, einfacher zu bedienen und billiger als die herkömmlichen Pumpen. Finley erwartete sich einiges von dieser Erfindung. Wie viele Wochen hatten er und Sidney in Charlestown damit verbracht, die Modelle auszuprobieren! Sie ließen den Apparat patentieren und fanden sogar einen Geldgeber, dem sie vom Verkauf jedes Stücks eine gewisse Summe abtreten wollten. Aber die Wasserspritzpumpe wurde kein Erfolg. Sie funktionierte nicht richtig.

Es war eine Zeit, in der alle möglichen Leute alles Mögliche ausprobierten. 1817 ließ der Deutsche Karl Drais eine Laufmaschine patentieren, den Vorläufer des Fahrrads. Die Bandsäge, die Sirene, die Webmaschine, die Lochkarte, der Revolver, der Elektromotor, die Konservendose wurden patentiert. Es war in Mode, Patente anzumelden, und Finley wurde von diesem Fieber angesteckt. Warum sollte nicht auch er etwas erfinden können? Sein erster Versuch war eine Marmorschneidemaschine gewesen, zum Bearbeiten von Marmorstatuen, von der er sich einigen Profit erwartet hatte. Umso herber war die Enttäuschung, als er erfahren musste, dass es ein ähnliches Patent bereits gab. Aber seine Zeit würde schon noch kommen.

Was ihn antrieb, war eher die Idee, etwas Neues zu entdecken, als ein tieferes Interesse an technischen Fragen. Er war ein Künstler, kein Techniker. Und da er erfahren musste, dass es nicht so einfach war, ein erfolgreicher Erfinder zu werden, machte er sich wieder auf den Weg, um mit der mühsamen Kunst des Porträtmalens ein wenig Geld zu verdienen. Im August 1823 begab er sich auf eine Reise nach Albany, New York, wenngleich es ihm schwerer denn je fiel, von seiner Familie getrennt zu sein. In Albany malte er den Richter Moss Kent. Kent war sehr zufrieden und empfahl Finley weiter, doch nachfolgende Aufträge blieben aus. Viele Leute meldeten sich, gaben sich freundlich und stellten ihm einen Porträtauftrag in Aussicht. Aber am Ende entschied sich doch niemand dafür. Wieder einmal hatte Finley nichts zu tun und musste mit dem Trennungsschmerz von seiner Familie leben, ohne so recht einen Grund dafür zu sehen. Immer wieder aber gelang es ihm, in solchen Situationen nicht zu verzweifeln. Er musste handeln und seine Lage verändern. Er würde Albany verlassen und nach New York City gehen.

Von Albany fuhr Finley nach New Haven und besuchte seine Familie. Doch er fühlte sich rastlos und blieb nur wenige Tage. Er wollte sein Leben in den Griff bekommen. Ein bescheidenes Einkommen und ein einfaches Heim, in dem er mit seiner Familie wohnen konnte – warum war das so schwierig zu erlangen?

Jetzt hoffte Finley auf New York, wo er sich ein unmöbliertes Zimmer nahm. »Ich schlafe in meinem Zimmer am Boden und räume das Bettzeug tagsüber weg. Nun werde ich all meine Kräfte sammeln und den ganzen Winter über malen und studieren« (I, S. 168).

Lucretia zeigte sich entsetzt darüber, dass ihr Mann auf dem Boden schlafen musste. Sie antwortete ihm in einem Brief, der seltsamerweise auf den 31. November datiert ist: »Es tut mir im

Herzen weh, wenn ich mich in meinem behaglichen Zimmer hinlege und daran denken muss, dass mein lieber Gemahl kein Bett zum Schlafen hat« (I, S. 168).

Sie sah die Opfer, die Finley für sie alle brachte, aber in ihre Sehnsucht nach einem regulären Familienleben mischte sich allmählich auch Bitterkeit.

Selbst in New York ging es vielen Künstlern schlecht. Die meisten lebten in armen Verhältnissen. Finley hatte sich sofort nach seiner Ankunft darangemacht, neue Aufträge für Porträts an Land zu ziehen. Doch wieder einmal folgte auf die anfängliche Begeisterung schnell die herbe Enttäuschung. Und diesmal nahm sie existenzielle Ausmaße an. »Mein Geld ist fast verbraucht, und ich beginne mir ernsthaft Sorgen zu machen«, schrieb er im Dezember 1823 an seine Frau (I, S. 169).

Die Unkosten stiegen, und er konnte selbst die Miete für das kleine Zimmer nicht mehr bezahlen. Wie die ewigen Geldsorgen an ihm nagten und alles überschatteten!

Finley war zermürbt. Pläne, als Maler an einer Expedition nach Mexiko teilzunehmen, zerschlugen sich. Verschuldet und enttäuscht musste er nach New Haven zurückkehren.

Seine junge Frau hingegen empfing ihn glücklich. Sie hatte seine Reisevorbereitungen ohnehin mit Sorge beobachtet und war nun froh und dankbar, dass das Schicksal sich auf ihre Seite geschlagen hatte und sie die Zeit gemeinsam mit den Kindern in Concord bei ihrer Familie verbringen konnten.

Lucretias Erwartungen erfüllten sich. Sie machten Ausflüge und genossen den geschenkten Sommer in vollen Zügen.

Im Herbst 1824 mietete Finley eine Wohnung in New York, 96 Broadway, an. Die Familie lebte dort ein paar Monate zusammen, fröhlich vereint. Doch auf Dauer war die Wohnung für vier Personen zu klein; und so ging Lucretia mit Susan und Charles nach New Haven zurück. Finley versprach ihr hoch und heilig, dass diese Trennungen bald ein Ende haben würden. Er wollte Tag und Nacht malen und so viel verdienen, wie er nur irgend konnte. Er flehte zu Gott, und seine Gebete wurden erhört. Im Januar 1825 bekam Finley überraschend einen großen Auftrag. Ein prominent besetztes Komitee hatte ihn auserwählt, für die Stadt New York ein großes Porträt von General Lafayette anzufertigen. Lafayette weilte in Washington, und Finley sollte dorthin reisen, um ihn zu malen. Dieser Auftrag bedeutete nicht nur eine große Ehre für ihn, sondern auch einen beachtlichen finanziellen Happen. Tausend Dollar waren ihm für das Porträt versprochen; dafür hätte er sehr viele kleinere Aufträge an Land ziehen müssen. Doch einen Wermutstropfen hatte die Sache. Finley würde wieder für längere Zeit von der geliebten Lucretia und seinen Kindern getrennt sein. Die Trennung traf Finley umso härter, als Lucretia erneut schwanger war und die Geburt des Kindes unmittelbar bevorstand.

Auf seiner Reise nach Washington machte Finley halt in New Haven. So konnte er das wenige Tage alte Baby Fin sehen. Mutter und Kind schienen ihm wohlauf. Abends las er Lucretia über das Leben von Lafayette vor. Finley fühlte sich geborgen zu Hause, bei seiner Familie. Nach ein paar im Flug vergangenen Tagen musste er jedoch nach Washington weiterreisen.

Am 8. Februar begann er mit dem Porträt. Er frühstückte gemeinsam mit dem General, und danach fand die erste Sitzung statt. Es war der Beginn einer herzlichen Freundschaft, die bis zu Lafayettes Tod anhalten sollte. Zwei Wochen lang wollte Lafayette in Washington bleiben; in dieser Zeit musste Finley das Porträt in seinen Grundzügen gestaltet haben.

Seinem Sohn stellte General Lafayette den Maler Finley Samuel B. Morse mit der humorvollen Bemerkung vor: »Das ist Mr. Morse, der Maler und Sohn des Geografen; er ist nach Washington gekommen, um die Topografie meines Gesichts zu erstellen« (I, S. 179).

Seinen Tagebuchaufzeichnungen nach zu schließen, hatte der

jüngst geborene Sohn keine größere Bedeutung für Finley. Mehr als alles vermisste er seine geliebte Lucretia. Doch er wähnte sich glücklich, weil er wusste, dass sie ihn auch vermisste. Die Sehnsucht war leichter zu ertragen, wenn sie beidseitig war. Er schrieb ihr lange Briefe nach New Haven. Doch Lucretia sollte sie nicht mehr lesen, denn sie kamen zu spät an.

Während Finley sich im fernen Washington in seinem familiären Glück geborgen wähnte, kämpfte Lucretia in New Haven um ihr Leben. Sie erholte sich nicht von der Geburt.

Und in den Stunden, in denen Finley seine erste Sitzung mit General Lafayette vorbereitete und sich bei seinen Skizzen an dessen noblem Gesicht erfreute, setzte sich Finleys Vater schweren Herzens hin und schrieb tieftraurig an seinen Sohn: »Mein von Herzen geliebter Sohn. – Voller Geheimnisse sind die Wege der Vorsehung. Mein Herz ist erfüllt von Schmerz und tiefer Sorge, da ich Dir mitteilen muss, dass Deine verdientermaßen so geliebte Frau plötzlich und unerwartet verstorben ist« (I, S. 179).

Am Nachmittag noch habe Lucretia den drei Wochen alten Fin in ihren Armen gehalten und davon gesprochen, wie sehr sie sich freue, ihren Mann bald wiederzusehen und ihm seinen kleinen Sohn in die Arme zu legen.

Der Vater erwähnte in seinem Brief auch, dass die Nachricht Finley wahrscheinlich erst erreichen werde, wenn das Begräbnis vorbei sei. »Komm ohne Eile nach Hause«, empfahl er ihm; die Eltern würden sich um die Kinder kümmern.

Wie konnte sein Vater nur denken, er würde ohne Eile aufbrechen? Seine geliebte Frau war tot, und er sollte sich Zeit lassen? Als wäre es nicht schlimm genug, dass er die Tage, in denen dieser Brief unterwegs gewesen war, unwissend in froher Stimmung verbracht hatte. Er hatte viel gemalt, den Washington-Aufenthalt genossen und abends vor dem Einschlafen mit offenen Augen davon geträumt, seiner Familie bald das lang ersehnte eigene Heim bieten zu können. Ein blitzartig zerstörter Traum.

Der Brief seines Vaters über den Tod seiner Frau traf Finley vollkommen unvorbereitet. Wie in Trance veranlasste er alles Nötige, um sofort die Reise nach Hause antreten zu können. Lafayette ließ er eine kurze Mitteilung zukommen, dass er sich aufgrund des tragischen Ereignisses außerstande sehe, die Arbeit weiterzuführen. Der General reagierte mitfühlend. Er kannte den Verlustschmerz. Doch für Finley war es das erste Mal, dass der Tod in sein Leben drang. Was hatte Gott mit ihm vor? Wenn doch alles einen von Gott gelenkten Sinn hatte, worin lag der Sinn, sein kurzes Eheglück mit dem Tod seiner jungen Frau so plötzlich zu beenden und ihn mit drei Kleinkindern allein zu lassen? Warum traf ausgerechnet ihn dieses Unglück? Finley haderte mit dem grausamen, ungerechten Gott.

Und warum hatte seine Frau ihm ihren schlechten Gesundheitszustand nach der Geburt verschwiegen? Lucretia war sein einziger Gedanke. »Meine ganze Seele gehörte ihr. Alles, was ich an Glück auf der Welt erwartete, war an sie gebunden« (I, S. 182).

Doch als Finley nach einer beschwerlichen Reise in der Postkutsche endlich in New Haven ankam, war das Grab schon geschlossen. Er war zum Begräbnis seiner eigenen Frau zu spät gekommen. Sein inniger Wunsch, sich wenigstens von der toten Lucretia verabschieden zu können, blieb unerfüllt.

Ein eisiger Wind fegte über den Friedhof von New Haven, und der Himmel tauchte die Gräber in ein fahles Licht. Es war der Ort der Toten, und Finley fühlte sich selbst wie tot.

Er stand an Lucretias Grab, den starren Blick auf die Inschrift des Grabsteins gerichtet, ohne richtig zu lesen, was dort stand:

In Erinnerung an
Lucretia Pickering
Frau von Samuel Finley B. Morse
Sie starb am 7. Februar 1825
Im Alter von 25 Jahren
(I, S. 183)

Er war nicht da gewesen, um seiner Frau an ihrem Sterbebett beizustehen. Nun war es zu spät.

Finley ging zurück nach New York, in die Wohnung, die auch Lucretia bewohnt hatte, und versuchte, sein Leben in den Griff zu bekommen. Sein Leben, es fand hinter einer Glaswand statt, in einem kalten Raum, zu dem die anderen keinen Zugang hatten und aus dem er nicht herauskonnte. Gefühllos arbeitete er an dem Porträt von Lafayette weiter, und es gelang ihm tatsächlich, es in New York fertigzustellen. General Lafayette hatte ihm einen herzlichen Kondolenzbrief geschrieben und ihn seines Beistands und seiner Freundschaft versichert.

Das lebensgroße Porträt war unter traurigen Auspizien begonnen worden. Aber in welch großer Trauer Finley es beendete, sieht man dem Bild nicht an. Finley malte Lafayette als Freiheitshelden, mit dem die moderne Geschichte begann. General Lafayette war für ihn eine zentrale Figur, die er wie einen Vater verehrte. So steht der achtundsechzigjährige General auf dem oberen Absatz einer Marmortreppe und strahlt Zuversicht und Entschlossenheit aus. Den Hintergrund bildet ein glühender, bewölkter Himmel, der den glorreichen Lebensabend des Generals symbolisiert. Büsten von George Washington und Benjamin Franklin zieren die Seiten des Bildes, und im Anschnitt ist ein dritter Sockel zu erkennen; er ist noch frei und wartet auf Lafayette selbst.

Im März 1825 nahm Finley seine kleine Tochter Susan zu sich nach New York. Das Zusammenleben von Vater und Tochter währte nicht lange, doch in dieser Zeit bemühte sich Finley, so gut er konnte, um seine kleine Susan, auch wenn er dabei ungewöhnliche Methoden anwandte. Als einer ihrer Milchzähne schmerzte und wackelte, versprach ihr Finley eine Puppe, wenn sie den Zahn allein herausbekäme. Lachend und weinend zugleich betrat sie kurz darauf sein Arbeitszimmer, den Zahn in ihrer kleinen Hand. Nun musste er, wie versprochen, eine Puppe besorgen.

Morse, Marquis de Lafayette

Er war stolz auf sein Töchterchen und liebte es innig. Doch den Alltag mit dem kleinen Mädchen bewältigte er nur unter großen Mühen, und nach wenigen Wochen gab er zermürbt auf. Susan hatte Heimweh, weinte und wollte zu ihren Brüdern. Finleys Künstlerleben war mit den Bedürfnissen kleiner Kinder nicht vereinbar. So brachte er seine Tochter wieder zu seinen Eltern nach New Haven, wo Nancy Shepherd, die gleiche Kinderfrau, die schon für ihn gesorgt hatte, nach Susan sah.

In New York wechselte Finley nun mehrmals die Wohnung und führte ein unruhiges Leben. Er war müde, nachts überfielen ihn überlebensgroße Sorgen, und seine Lage erschien ihm ausweglos. Sollte er aufgeben? Aber was dann?

Um unter Menschen zu kommen, besuchte Finley des Öfteren die American Academy of Arts, deren Präsident Colonel John Trumbull war, einer der wenigen amerikanischen Maler mit internationalem Renommee. Allerdings herrschte unter den Mitgliedern Unzufriedenheit mit der Akademie. Man suchte nach neuen Wegen, wollte eine Akademie, die nach dem Londoner Vorbild auch Studenten ausbildete. Daher wurde am 8. November 1825 die New York Drawing Association gegründet, ursprünglich als Ergänzung zur Akademie gedacht. Aus ihr entstand die National Academy of Design, deren Mitbegründer Samuel Finley B. Morse war und deren erster Präsident er wurde. Dieses Amt sollte er viele Jahre innehaben; Hunderte von Kunststudenten begannen dort in dieser Zeit ihre Karriere. Jahrzehntelang war die Akademie – heute einfach National Academy genannt – die einflussreichste Kunstinstitution in Amerika. Das war Finleys Verdienst. Sein Ansehen als bedeutender amerikanischer Maler war seit der Vollendung des Lafayette-Porträts gestiegen. Beruflich ging es bergauf. Doch der Erfolg blieb überschattet.

Am 1. Januar 1826 schrieb Finley an seine Eltern: »Wenn ich daran denke, dass ich von meiner kleinen Familie getrennt bin und dass die Pflicht mich noch wer weiß wie lange in diesem seltsamen Zustand halten wird, so bin ich weit davon entfernt, ein glückliches neues Jahr zu beginnen« (I, S. 192).

Finley entschuldigte sich dafür, dass er sich zu selten meldete. Er vermisste seine Kinder, Eltern und Brüder, fand aber nicht den rechten Weg, ihnen das zu zeigen. Fast ein Jahr war vergangen seit Lucretias Tod, und die Wunde schmerzte, als sei es gestern gewesen. Die Zeit heilt Wunden, hieß es, aber die Zeit verging nicht.

Im Alter von fünfundsechzig Jahren starb am 9. Juni 1826, eineinhalb Jahre nach Lucretias Tod, auch Finleys Vater. Diesmal war Finley anwesend. Er machte sich sofort nach Erhalt der Nachricht, dass Jedediah nur mehr wenige Tage zu leben habe, nach New Haven auf und traf wenige Stunden vor dem Tod seines Vaters zu Hause ein. Jedediah Morse war sehr schwach, aber gefasst. »Du siehst, wie ein Christ sterben kann, ohne Angst«, sagte er zu Finley. »Ich habe die Hoffnung auf Unsterblichkeit.« Der Vater war für ihn eine wichtige Bezugsperson gewesen, eine moralische und intellektuelle Instanz, aber auch ein gütiger Freund, der Finley in allen Lebenslagen streng, entschieden und liebevoll zur Seite gestanden hatte. Der Tod des Vaters traf ihn ebenso unvorbereitet wie der Tod seiner Frau. Ein noch viel härterer Schlag aber war Jedediahs Tod für Finleys Mutter, die ganz im Familienleben aufgegangen war und sich ein Leben ohne ihren Mann nicht vorstellen konnte. Verzweifelt stellte sie ihren Kindern ihre Lage dar: Mit ihren einundsechzig Jahren sollte sie sich nun allein um drei kleine mutterlose Kinder kümmern. Das überforderte sie. Finley und seine Brüder machten sich große Sorgen um den Gesundheitszustand der Mutter.

Und zwei Jahre nach Jedediah, am 28. Mai 1828, starb auch Finleys Mutter. Finley hatte in einem Zeitraum von drei Jahren die drei Menschen verloren, die er am meisten liebte. Was hatte Gott mit ihm vor? Wozu all dieser Schmerz? Doch Finley spürte, welch wichtige Stütze ihm der Glaube war. Er betete viel und innig und fand Trost darin. Die Schicksalsschläge hatten einen zutiefst frommen Mann aus ihm gemacht. Wenn er nun aus New York nach New Haven kam, besuchte Finley drei Gräber.

Seine eigenen Kinder wurden aufgeteilt. Die Tochter Susan kam zu ihrer Tante, Lucretias Schwester, nach Concord, New Hampshire. Die beiden Söhne Charles und Fin nahm ein Freund in New Haven bei sich auf. Charles war siebeneinhalb und gut entwickelt, doch der zwei Jahre jüngere Fin war seit einer Scharlacherkrankung im Säuglingsalter geistig zurückgeblieben. Finley musste etwas unternehmen, um nicht in Trauer und

Gram zu versinken. Sein Leben erschien ihm verwirkt. Würde es je wieder andere als tiefgraue Tage für ihn geben? Er konnte es sich nicht vorstellen. Sein lebensbejahendes Grundnaturell blieb verschüttet, und sein einziger Wunsch war es, weit weg zu sein von allem. Da sammelte er seine Energien und plante eine Europareise. Die National Academy of Design in New York war etabliert, Finleys Position als Leiter gefestigt. Er hatte ein wenig Geld gespart. Seit seiner Rückkehr aus England hegte er den Wunsch, die europäischen Kunststätten zu bereisen. Nun war es so weit. Er stellte sich seine eigene Grand Tour zusammen. Es war eine Flucht.

Die Grand Tour durch Mitteleuropa, vor allem nach Italien, galt so manchem Künstler im neunzehnten Jahrhundert als obligatorische Bildungsreise. Die Dichter John Keats, Lord Byron und Johann Wolfgang von Goethe hatten beeindruckende Zeugnisse ihrer Grand Tour hinterlassen. Aus verschiedenen Reiseberichten wusste Finley, dass die Fahrt in den Postkutschen, zum Teil auf schlechten Straßen, beschwerlich war, doch er scheute weder Mühen noch Gefahren.

Am 8. November 1829 trat Finley auf dem Schiff *Napoleon* seine Europareise an. Die *Napoleon* war ein Dampfschiff für Handels- und Geschäftsreisende, das regelmäßig zwischen Amerika und Europa hin- und herfuhr. Der Abenteurer und Künstler Samuel Finley B. Morse wirkte unter den anderen Passagieren wie ein bunter Vogel. Sie bewunderten ihn, aber er hatte nicht viel mit ihnen gemein. Entsprechend oft blieb er auf der sechsundzwanzig Tage dauernden Überfahrt nach Liverpool allein.

Nachts kehrten die Erinnerungen an seine erste erwartungsvolle Schiffsreise mit Allston und seiner Frau zurück. Er sah seine Eltern vor sich, wie sie im Hafen von New York standen und ihm zum Abschied winkten. Achtzehn Jahre waren seitdem vergangen, und seine Jugend schien Finley so fern und unerreichbar zu sein, als hätte sich eine Eisentür zwischen den nun achtunddreißigjährigen Mann und den Jüngling von einst geschoben. Allstons Frau war gestorben. Finley versuchte, die aufsteigenden Bilder zu verdrängen. Denn sie lenkten seine Gedanken auf den Tod, und er hatte diese Reise angetreten, um den Schmerz zu überwinden und dem Leben wieder Freuden abzugewinnen.

Nach der Ankunft der *Napoleon* in Liverpool stieg Finley in demselben Gasthof ab, in dem er als Zwanzigjähriger gewohnt hatte. Das Personal war noch das gleiche, alles war so, wie er es in Erinnerung hatte.

Miss Leslie, die Schwester seines Freundes Charles Leslie aus Studentenzeiten, den er nun als Ersten besuchen wollte, begleitete ihn auf der Reise von Liverpool über Birmingham und Oxford nach London.

In seinen Briefen nach Amerika beschrieb Finley das Wetter in England, die Kälte und den berühmten Nebel. Er behandelte allgemeine Themen. Für die persönlichen, intimen Gedanken, die er an seine Frau und seine Eltern geschrieben hatte, gab es nun keine Adressaten mehr.

In London war sein alter Studienfreund Charles überglücklich, ihn zu sehen. Er war in den Londoner Kreisen als Maler etabliert und stellte Finley viele seiner Bekannten vor. Die Tage vergingen wie im Flug. Auch den Maler Benjamin West traf Finley wieder, der damals einer seiner Lehrer gewesen war und inzwischen mit einem Porträt von Lord Byron Berühmtheit erlangt hatte. Finley freute sich über die Erfolge seiner Freunde. Und was hatte er selbst erreicht? Statt die Jahre mit seiner Frau und seinen Kindern zu genießen, hatte er einen letztlich nicht von Erfolg gekrönten beruflichen Existenzkampf geführt. Vor seiner Frau und den Kindern hatte er versagt. Er hatte ein paar lächerliche Versuche unternommen, unnütze Dinge zu erfinden, mit denen er in die Geschichte seines Landes eingehen wollte. Ein anmaßender Nichtsnutz war er, nicht mehr.

Das Gefühl des Versagens begleitete Finley auf seiner Reise über den Ärmelkanal von England nach Paris. Doch dann riss ihn die Schönheit Frankreichs aus seinen düsteren Gedanken. Finley kam um die Jahreswende 1829/30 in Paris an, in einem kalten Winter. Die Seine war zugefroren. Und die Stadt seiner Träume war in Wirklichkeit noch viel schöner als in seiner Fantasie. Am Ende seiner Reise würde er wieder nach Paris zurückkehren. Erst einmal ging die Fahrt weiter, ans Mittelmeer. Über Dijon und Avignon reiste Finley nach Marseille und Nizza, um schließlich Italien zu erreichen, das Ziel seiner Grand Tour. Er bewunderte die Palazzi in Genua, den Schiefen Turm von Pisa und den Carrara-Marmor. Aber den größten Eindruck machte der Apennin auf ihn. In seinem Tagebuch schrieb er so anschaulich über den Gebirgszug, wie nur ein Maler Landschaften schildern kann: »Der Apennin ist sehr beeindruckend und nimmt alle möglichen Schattierungen und Farbvariationen an. Weite lehmige Hänge, dunkelbraun gesprenkelt und goldgelb glänzend; Blaugrau, vermischt mit Grün und Lila, und tiefes Marineblau auf den entfernten Bergspitzen im Hintergrund« (I, S. 224).

Seine Tagebuchnotizen über die Alpen zeugen von einer nahezu kindlichen Freude über die Farben und die Schönheit der Natur. An das wechselnde Licht, die sonnendurchflutete Landschaft Italiens würde er sich immer erinnern. Die Berge, Hügel, Ebenen und Küsten strahlten für Finley einen Charme aus, den er in seiner eigenen Heimat vermisste.

Anstrengend hingegen fand er die vielen Zollstationen, an denen die Postkutschen immer wieder haltmachen mussten. Die Koffer wurden geöffnet und durchsucht, und oft wurden auch die Reisenden einer Leibesvisitation unterzogen. Zudem musste man sich vor Briganten in Acht nehmen, die den Reisenden in der Nähe der Zollstationen auflauerten.

Italien war noch nicht vereint. In Europa allerdings hatte sich viel getan seit Finleys erstem Aufenthalt in London. Vor achtzehn Jahren hatte er in einem Land gelebt, das sich im Krieg mit Amerika befand. Napoleons Niederlage in Waterloo hatte Europa verändert. Und bei Finleys zweiter Reise stand die Revolution vor der Tür. Im Juli 1830 kam es in Paris zu Straßenkämpfen.

Finley hatte Rom zwar noch ohne Zwischenfälle erreicht, aber auch dorthin sollte die revolutionäre Stimmung bald gelangen. Künstler, die als liberal galten, gerieten besonders ins Visier. So richtig sicher fühlte sich Finley nicht, was ihn jedoch nicht davon abhielt, nachts das Colosseum zu besuchen oder allein durch die Straßen Roms zu schlendern. Im Vatikan und vor allem in der Sixtinischen Kapelle verbrachte er viele Stunden und fertigte zahlreiche Skizzen und Kopien an. Den Aufenthalt in Rom finanzierte er sich damit, dass er Bilder von Poussin, Rubens, auch Raffaels großes Fresko »Schule von Athen« – allerdings in kleinerem Format – kopierte und nach Amerika schickte, wo sie verkauft wurden.

Viele europäische Künstler hatten ihre Ateliers in Rom, und Finley schloss Freundschaft mit dem dänischen Bildhauer Bertel Thorvaldsen, den er für den größten Bildhauer seiner Zeit hielt.

In Rom erlebte er die theatralisch anmutenden Begräbnisfeierlichkeiten für Papst Pius VIII. Die Macht der katholischen Kirche über das Land ließ die ihm von seinem Vater bereits vermittelte Abneigung gegen die Katholiken erstarken. Er besuchte katholische Messen und erlebte in der Osterzeit die Hochämter in der Sixtinischen Kapelle und im Petersdom. Die katholische Liturgie kam ihm übertrieben vor, der Katholizismus blieb ihm auf geradezu abstoßende Weise fremd.

Am 27. April 1830 notierte Finley in sein Tagebuch: »Mein Geburtstag. Wie die Zeit verfliegt und wie wenig Sinn mein Leben bislang hatte!« (I, S. 234).

Finley war nun neununddreißig Jahre alt und stand wieder am Anfang. Die düsteren Gedanken ließen ihn nicht los, trotz der hellen Farben Italiens und der frühlingshaften Wärme.

In Rom nahmen die Repressionen zu. Abends gab es nun Ausgehverbot. Freunde legten Finley nahe, die Stadt zu verlassen. Also packte er seinen Koffer und seine Malereiutensilien und brach mit zwei anderen Amerikanern in einer Kutsche nach Florenz auf. Sie trugen Waffen bei sich. Auf der Wegstrecke begegneten sie mehrfach Soldaten, und immer wieder riefen ihnen die Leute in den Ortschaften »Viva la libertà!« zu. Doch insgesamt verlief die Reise ohne Zwischenfälle. Erst später erfuhr Finley, dass wegen seiner öffentlichen liberalen Äußerungen in Rom bereits ein Haftbefehl gegen ihn vorgelegen hatte.

Die zwei Monate, die Finley in Florenz verbrachte, waren ruhig und erholsam. Er kopierte Selbstporträts von Rubens und Tizian, malte im Palazzo Pitti und besuchte die Uffizien, die reichste, hochrangigste Kunstsammlung, die Finley je gesehen hatte.

In der Via Valfonda, in der Finley wohnte, lebte auch der Bostoner Künstler Horatio Greenough, den er in New York über Washington Allston kennengelernt hatte. Greenough fertigte eine Büste aus Marmor von Finley an.

Inzwischen wurden mit österreichischer Militärhilfe die Aufstände in Italien niedergeschlagen, und Finley reiste ohne Schwierigkeiten nach Venedig.

Venedigs Schönheit beeindruckte ihn. Er saß am Markusplatz in einem der Cafés und betrachtete die eleganten Österreicherinnen an den Armen der Offiziere und die ihn in ihrer Kleidung exotisch anmutenden rauchenden Griechen und Türken. Die Gondeln erschienen ihm wie kleine Indianerkanus.

Aber Finley nahm auch die Schattenseiten der Stadt am Wasser wahr. Der Gestank aus den Kanälen könne nur bedeuten, dass Venedig ein ungesunder Ort zum Leben sei, befand er.

Wie nahezu alle damals durch Italien reisenden Amerikaner erschütterte ihn die Armut des Landes. Bettler säumten die Straßen, unter ihnen viele Kinder, was Finley besonders bestürzte. Er hätte sich gern unterhalten mit ihnen, doch obwohl er einen großen passiven Wortschatz hatte, konnte er kein Italienisch sprechen. Finley las Italienisch, auch Französisch und sogar Deutsch. Aber das Reden in fremden Sprachen hatte er nie geübt. So blieb ihm nur, den

Kindern ein paar Münzen zu geben. Dabei schweiften seine Gedanken zu seinen eigenen Kindern. Sie waren bei Onkel und Tante wohlversorgt, hatten ein Dach über dem Kopf und zu essen. Aber sie hatten kein eigenes Zuhause. Immer wieder quälte ihn derselbe Gedanke. Was hätte er dafür gegeben, seinen Kindern ein Heim bieten zu können. Doch würde er selbst jemals sesshaft werden?

Durch die Schweiz und den Rhein hinab reiste Finley nach Paris zurück. Die deutsch-französische Grenze überschritt er illegal, denn sie war wegen einer aus Asien und Osteuropa vordringenden Choleraepidemie geschlossen. Ein deutscher Offizier bot Finley an, die Blockade mit ihm zu umfahren.

In Paris empfing ihn General Lafayette mit offenen Armen, hocherfreut darüber, dass er gesund und munter aus Italien zurückgekehrt war. Sie unterhielten sich über die niedergeschlagenen italienischen Aufstände. Finley konnte seinem »politischen Vater« Augenzeugenberichte über die nach Freiheit rufenden Italiener liefern. In den fünf Jahren, die vergangen waren, seit Finley Lafayette in Washington porträtiert hatte, war eine enge Freundschaft zwischen den beiden entstanden. Und Finley sympathisierte unter seinem Einfluss mit der Freiheitsbewegung.

Außer Lafayette traf Finley in Paris auch Alexander von Humboldt, tauschte sich mit ihm über Kunst aus. Und Alexander von Humboldt kam in den Louvre, um Finley dabei zu beobachten, wie er die Bilder der großen Meister kopierte. Im Louvre verbrachte Finley den Großteil seiner Zeit. In tiefe Gespräche versunken, wanderten Humboldt und er stundenlang durch die Säle des Museums. Zwei Männer mit künstlerischer und naturwissenschaftlicher Begabung, von denen noch viel zu erwarten war, hatten sich getroffen. Und viele Jahre später, als die ersten Botschaften im Morsealphabet über die Telegrafen tickerten, sollte Alexander von Humboldt unter den ersten Gratulanten sein.

Im Louvre entstand ein besonders ambitioniertes Werk von Finley: »Grand Gallery of the Louvre«. Finley selbst steht in der Mitte des gewaltigen Gemäldes und beugt sich zu einer jungen Künstlerin und ihrer Staffelei hinab. An den Wänden hängen in Miniaturform berühmte Bilder aus dem Louvre, von Leonardo da Vincis »Mona Lisa« über Raffaels »Belle Jardinière« bis zu Paolo Veroneses »Hochzeit zu Kana«. Mit diesem großen Werk schloss Finley seine Europareise ab. Er war Kopist und Porträtist geblieben. Der schwungvolle jugendliche Optimismus nach seinem ersten Europaaufenthalt war einer düsteren Skepsis gewichen. Die hochfliegenden Künstlerpläne gehörten der Vergangenheit an. Nun hätte sich Finley schon damit beschieden, von seiner Kunst seine Kinder selbstständig ernähren zu können. Er war älter geworden, desillusioniert, doch in sich gefestigt. Ein reifer Mann kehrte nach Amerika zurück.

II

DER MORSE-TELEGRAF

Die Rückreise nach Amerika im Oktober 1832 gab Finleys Leben eine ungeahnte Wendung. Finley war nun einundvierzig Jahre alt und hatte drei Jahre in Frankreich und Italien als Maler zugebracht. Was konnte er erwarten, im Moment der Rückkehr? Einen moderaten Neuanfang in der alten Heimat. Dass die Wunde, die ihm der Tod seiner Frau zugefügt hatte, endlich verheilen würde. Er kehrte zurück, ohne im Ausland den großen Durchbruch als Maler geschafft zu haben. Doch auf der *Sully* traf Finley mit vier Menschen zusammen, die sein Denken in eine neue Richtung lenkten und seinen weiteren Werdegang entscheidend beeinflussten. Es war eine schicksalhafte Begegnung, und Finley spürte von Anfang an, dass sie nicht folgenlos bleiben konnte.

Das Schiff hätte am 1. Oktober ablegen sollen, doch eine ungünstige Windlage hielt es einige Tage im Hafen von Le Havre fest. In dieser Zeit fanden sich Finley und vier Mitreisende zusammen. Es waren der Jurist Francis J. Fisher aus Philadelphia, der amerikanische Botschafter in Frankreich William Rives, dessen Bekannter Charles C. Palmer mit Familie und der Geologe und Physiker Dr. Charles Jackson aus Boston. Mit ihnen und dem Kapitän der *Sully*, William Pell, führte Finley die entscheidenden Gespräche im Vorfeld jener Erfindung, die ihn viele Jahre später berühmt machen sollte: der elektrische Telegraf und das Morsealphabet.

Bereits beim ersten gemeinsamen Abendessen, nachdem die *Sully* bei günstigem Südwestwind endlich abgelegt hatte, diskutierte die illustre Gruppe um Finley die Möglichkeiten einer telegrafischen Kommunikation. Die Experimente von André-Marie Ampère waren in aller Munde, der eben erst entdeckte Elektromagnetismus bot zündenden Gesprächsstoff. Abend für Abend ging es erneut um das faszinierende Thema Elektrizität. Mr. Fisher, der Rechtsanwalt, der von Physik nicht viel verstand, fragte neugierig und naiv, ob die Länge des Kabels den Stromfluss beeinflusse.

»Fließt der elektrische Strom am Ende eines langen Kabels langsamer?«

»Aber nein«, antwortete der junge Physiker Jackson entrüstet. »Der Strom fließt mit konstanter Geschwindigkeit durch den ganzen Draht, unabhängig davon, wie lang der ist. Und er kann an jeder Stelle nachgewiesen und unterbrochen werden.«

»Die Länge des Drahtes hat also keinen Einfluss auf die Geschwindigkeit des elektrischen Stroms und bringt keine Verzögerung mit sich?«, hakte Fisher nach. Jackson schüttelte den Kopf.

Das war auch für Finley neu. Er spitzte die Ohren, sein ganzer Körper war angespannt, und spontan sprach er vor seinen Mitreisenden den Gedanken aus, der ihn berühmt machen sollte: »Wenn Elektrizität in jedem Teil des Stromkreises sichtbar gemacht werden kann, sehe ich keinen Grund, warum man über Elektrizität nicht auch Nachrichten vermitteln kann« (II, S. 4).

Wenn es möglich war, Strom mit konstanter Geschwindigkeit fließen zu lassen, so müsste es doch auch möglich sein, diese Technik auf langen Strecken für die Kommunikation zu nutzen. Und die Tatsache, dass man einen Stromkreis öffnen und unterbrechen konnte, bedeutete nichts anderes, als dass es einen Weg geben musste, eine Nachricht von einem Ende der Leitung zum anderen zu senden. Finleys künstlerische Fantasie arbeitete. Er ließ sich von Jackson beschreiben, wie man mit Magneten Funken erzeugen konnte. Bis jetzt hatte er sich immer als Maler gesehen. Doch in diesem Moment entflammte, unerwartet und heftig, die Technikbegeisterung in ihm. Er selbst war wie unter Strom, seine Augenlider zuckten, und seine Wangen röteten sich.

Immer noch haderte er mit dem Schicksal, das ihn zum Begräbnis seiner Frau hatte zu spät kommen lassen. Eine schnellere Kommunikation war seitdem sein Lebenstraum. Warum sollte nicht er selbst dazu beitragen, diesen Traum Wirklichkeit werden zu lassen?

Sah man von den Rauchzeichen der Indianer ab, war die Verbreitung von Nachrichten bislang an die Geschwindigkeit von Verkehrsmitteln wie Postkutschen oder Schiffen gebunden. Elektrizität zur Kommunikation zu nutzen – das war die Idee! Sein Enthusiasmus ließ ihn überschwänglich werden; dass auch andere bereits an dieser Idee arbeiteten, wusste Finley nicht. Mit den Grundlagen der Elektrizitätslehre war er einigermaßen vertraut. Schon die Vorlesungen der Professoren Silliman und Day in Yale hatten seine Fantasie angeregt. Im Athenäum in New York hatte er die aufsehenerregenden Vorträge von Professor James Freeman Dana über den in Europa entdeckten Elektromagnetismus gehört. Die Schilderungen, wie elektrischer Strom durch einen Draht fließt, kamen ihm wie Beschreibungen von Kunstwerken vor. Auch die Erkenntnisse des dänischen Physikers Hans Christian Ørsted bezüglich der magnetischen Wirkung, die der elektrische Strom auf Nadeln ausübt, hatten Finley seltsam erregt. Er war kein Physiker, aber er besaß einige naturwissenschaftliche Kenntnisse, und was er vor allem besaß, war das unerschrockene, abstrakte Vorstellungsvermögen des Künstlers.

Während der Überfahrt nach Amerika machte er sich ausführliche Notizen. Das Originalnotizbuch ist leider einige Jahre später verbrannt. Doch eine Kopie davon, die zum Glück erstellt worden war, kann man im National Museum in Washington besichtigen.

Finley besaß genügend Vorkenntnisse, um zu verstehen, dass ein Eisenkern in dem Moment magnetisiert wird, in dem Strom durch den um ihn gewundenen Draht fließt. Auf diese Weise kann eine Kraft erzeugt werden, die groß genug ist, um ein Gewicht anzuheben.

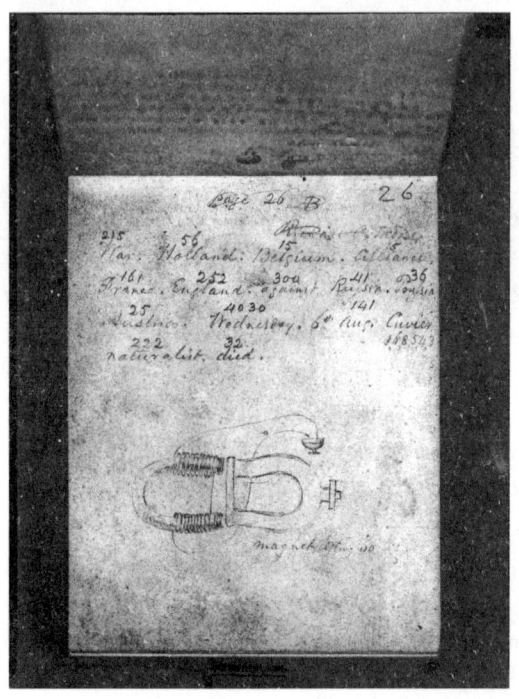

Seite aus Morses Notizbuch »Sully sketchbook«

Die Vision von der elektrischen Kommunikation beherrschte ihn Tag und Nacht. In seinen Träumen stoben Funken aus riesigen Apparaten, um fremdartige Zeichen auf endlosen Papierstreifen zu erzeugen.

Kaum erwacht, nahm er erneut sein Notizbuch zur Hand. Der elektrische Funke, der erzeugt wird, wenn man den Strom unterbricht, könnte dazu dienen, auf einem Papierstreifen ein Zeichen festzuhalten. Er ließ sich von Jackson erklären, welche Möglichkeiten es gäbe, einen Papierstreifen chemisch so zu präparieren, dass ein Funke seine Spur darauf hinterließ. Sobald er in Amerika angekommen war, wollte er mit entsprechenden Experimenten beginnen.

Doch in seinem Notizbuch machte Finley auch noch eine an-

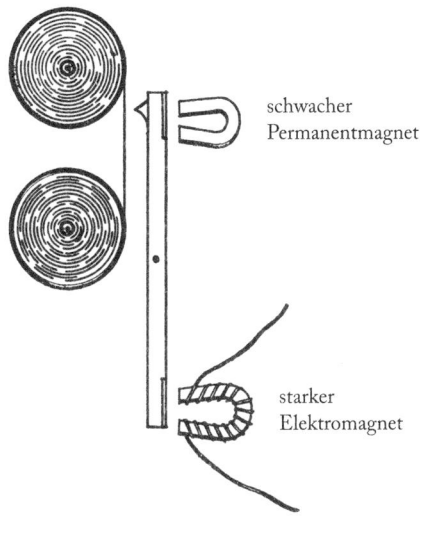

schwacher
Permanentmagnet

starker
Elektromagnet

Schema des Morse-Telegrafen

dere Skizze, in der die Aufzeichnung mittels eines Elektromagneten funktionierte: Er sollte einen Hebel in Bewegung setzen, an
dessen einem Ende ein Bleistift befestigt war, der einen Papierstreifen berührte.

Der magnetisierte Eisenkern brachte den Stift am Ende des
Hebels mit dem Papierstreifen in Berührung. Der Permanent-
magnet brachte den Hebel in seine ursprüngliche Stellung zurück.
Die Grundidee für den Morse-Telegrafen war geboren.

Jetzt fehlte nur noch ein Code für das Festhalten der Nachrichten, die auf diesem Wege befördert werden sollten. Wie könnte so
etwas aussehen? Finley machte sich viele Notizen in sein Büchlein.

Bei seinen ersten Überlegungen arbeitete er mit Ziffern, da ihm
diese für einen Code geeigneter erschienen als Buchstaben. Er
wollte ein möglichst einfaches System schaffen, und so entwarf er
einen Zahlencode, der aus Punkten und Strichen bestand.

Bis 5 sollte alles in Punkten dargestellt werden, danach erweiter-
te ein Strich die Zahl jeweils um 5.

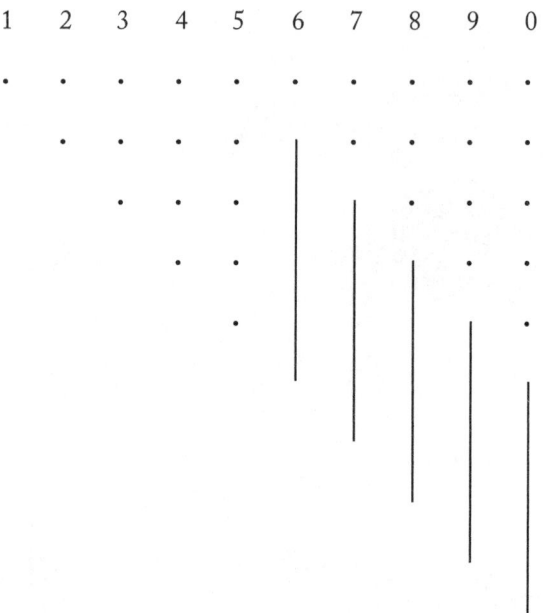

Erster Entwurf des Punkte-Striche-Codes

Finley begann damit, eine Art Wörterbuch zu erstellen, in dem die Wörter durch verschiedene Ziffernkombinationen dargestellt wurden. So entsprach zum Beispiel die Zahl 215 dem Wort »*war*« (Krieg), 56 bedeutete Holland, 15 Belgien.

Es war eine mühsame Angelegenheit, und Finley sah bald ein, dass die Aufgabe, alle wichtigen Wörter in Ziffern zu übersetzen, nicht zu bewältigen war. Fieberhaft suchte er nach einem anderen Weg.

Kurz bevor das Schiff in den Hafen von New York einlief, nahm Finley den Kapitän William Pell zur Seite, klopfte ihm freundschaftlich auf die Schulter und sagte halb im Scherz, halb im Ernst: »Nun, Käpt'n, sollten Sie jemals vom Telegrafen als Weltwunder hören, erinnern Sie sich, dass diese Erfindung an Bord der guten alten *Sully* gemacht wurde« (II, S. 8).

Morse verabschiedet sich vom Kapitän der Sully.
Kupferstich aus Louis Figuiers Les Merveilles de la Science,
Paris 1867–69

Der Kapitän lachte dröhnend.

Im Hafen von New York warteten seine beiden Brüder Richard und Sidney auf Finley. Drei Jahre lang hatten sie sich nicht gesehen, und die Brüder wollten auf das Genaueste erzählt bekommen, wie es Finley in Europa ergangen war. Doch Finley hatte keinen Sinn dafür. Nichts schien ihm weiter entfernt zu sein als seine eigene jüngste Vergangenheit. Es war, als sei auf der *Sully* eine schwere Tür zugefallen und habe ihn von seinem früheren Leben abgeschnitten. Finley fieberte nur dem Moment entgegen, in dem er sich endlich in Ruhe seinem Alphabet und dem Telegrafen widmen konnte. Auf dem Schiff, schwärmte er Richard und Sidney vor, habe er eine Idee gehabt, die die Welt in Staunen versetzen werde. Eine neue, schnelle Kommunikation! Er war vollkommen erfüllt davon und sprach auf dem Heimweg von nichts anderem als der Vorstellung der elektrischen Nachrichtenübermittlung: Elektrizität, Punkt, Strich, die Schönheit des Einfachen. Er holte sein Notizbuch hervor und beschrieb den Brüdern seinen Traum von der weltumspannenden Kommunikation. Die Brüder gaben es schnell auf, etwas über Finleys Jahre in Europa erfahren zu wollen. Es war zwecklos. Stattdessen versprachen sie, ihn bei den anstehenden Experimenten zu unterstützen, so gut sie konnten.

Fünf Jahre sollte es dauern, bis Richard und Sidney in ihrer Zeitung *Observer* das revolutionäre neue Kommunikationssystem, den Telegrafen, vorstellen konnten.

In diesen fünf Jahren blieben die beiden Brüder stets Finleys engste Vertraute und größte Unterstützer. Um die theoretischen Überlegungen, die er während der Überfahrt auf der *Sully* entwickelt und aufgezeichnet hatte, in die Praxis umzusetzen, brauchte er Material und Apparate. Finanzielle Mittel standen ihm nach wie vor nicht zur Verfügung. Die drei Jahre in Europa hatten ihm keine Gewinne eingebracht, und Ersparnisse besaß er nicht. Eigentlich hätte er, um sich und seine drei Kinder zu ernähren, fleißig weitermalen müssen. Seine neue Karriere als Erfinder kam so gesehen höchst ungelegen. Finley war voll und ganz auf die Unterstützung durch seine Brüder angewiesen. Eine miserable Lage. Aber er war so erfüllt von seiner Idee, dass er seinen Stolz bezwang und die unrühmlichen Umstände verdrängte. Hauptsache, er konnte sich seinen größten Wunsch erfüllen und an der Erfindung des elektrischen Telegrafen arbeiten.

In den ersten Wochen nach seiner Rückkehr wohnte Finley bei seinem Bruder Richard. Er experimentierte in der Küche mit geschmolzenem Blei, das auf Möbel und Teppich tropfte, was seiner Schwägerin deutlich missfiel.

Morse, Die Muse – Susan Walker Morse

Richard und seine Frau erinnerten Finley auch immer wieder an seine Verantwortung für die Kinder. Aber auf diesem Ohr mochte Finley nicht hören. Die drei Kinder waren zu jener Zeit bei dem anderen Bruder, Sidney, untergebracht, und es wäre für Finley ein Leichtes gewesen, sie öfter zu besuchen. Wenn es ihm nur gelänge, eine wirkliche Beziehung zu den Kindern aufzubauen! Lucretia war nun seit zehn Jahren tot, und immer noch erinnerten ihn die Kinder allzu schmerzhaft an sie. Die Kinder waren ihm fremd, und er wusste nicht, wie er das hätte ändern können.

Am ehesten gelang es Finley noch, mit seiner Tochter Susan etwas zu unternehmen. Doch auch um sie kümmerte er sich bei Weitem nicht so sehr, wie es das Mädchen ersehnte. Immerhin besuchte er sie gelegentlich in ihrer Schule. Und im Alter von siebzehn malte er sie als »Die Muse«.

Zu seinen beiden Söhnen konnte Finley während ihrer ganzen Kindheit und Jugend keine Beziehung aufbauen. Er, der von weltumspannenden Telegrafendrähten träumte, war nicht fähig, einen Draht zu seinen Söhnen zu finden. Ein Armutszeugnis und ein Gedanke, den er nicht zu Ende denken mochte. Er war gescheitert; und er sah keinen Ausweg.

Der ältere Sohn, Charles, war ein guter Schüler, während der Jüngste, Fin, geistig und körperlich zurückgeblieben war. Finley bezahlte das Schulgeld für die Kinder immer noch mit dem Erlös der Kopien der Selbstporträts von Rubens und Tizian, die er während seines Aufenthalts in Italien und Frankreich angefertigt hatte. Lange würde das Geld jedoch nicht mehr reichen. Da kam es wie gerufen, dass man Finley eine Professur für bildende Künste an der neu gegründeten New York University anbot. Die Stelle war zwar vorerst nicht mit einem Lohn verbunden, ermöglichte es ihm jedoch, auf dem Universitätsgelände kostenlos zu wohnen und die Räume der Universität für seine Experimente zu nutzen. Er eröffnete die erste Klasse für Malerei in Amerika. Parallel dazu wurde er als Präsident der National Academy of Design wiedergewählt.

Finleys Herz schlug für den Telegrafen, mehr verdienen aber konnte er immer noch auf dem Gebiet der Malerei. In New York wurde sein großes Gemälde »Grand Gallery of the Louvre« ausgestellt, in das er erhebliche Hoffnungen setzte. Die Kunstkritiker lobten das ambitionierte Werk; die Ausstellung jedoch war ein finanzielles Desaster. Es kamen so wenig Besucher, dass Finley das Bild aus den teuren Ausstellungsräumen in New York abziehen musste und in New Haven zeigte. Doch selbst dort konnten die erwirtschafteten Eintrittseinnahmen die Raummiete nicht abdecken. Finley war frustriert und niedergeschlagen. In dieser hoffnungslosen Lage erschien es ihm als das Beste, das Bild zu verkaufen. Er beriet sich darüber mit seinen Brüdern. Gesagt, getan. Tatsächlich verkaufte er das Bild, in das er so viel Zeit und Energie investiert hatte, an einen Mr. George Clarke, für dreizehnhundert Dollar – obwohl er sich eigentlich das Doppelte erhofft hatte.

Halb aus Frust, halb aus Lust engagierte sich Finley in dieser Zeit politisch. Er war überzeugter Nationalist und stand im Kampf zwischen Katholiken und Protestanten aufseiten der Protestanten. In den Dreißigerjahren des neunzehnten Jahrhunderts waren allein in New York City über eine halbe Million Immigranten aus Deutschland, England und Irland angekommen, und der Großteil von ihnen war katholisch. Insbesondere den Zuzug aus Irland empfand Finley als bedrohlich. Er fürchtete, die Iren würden die amerikanischen Arbeiter aus ihren Jobs verdrängen. Und je größer die Zahl der Immigranten wurde, umso mehr Einfluss würde auch die katholische Kirche gewinnen. Seine antikatholische Haltung trieb Finley schließlich in die Arme der neu gegründeten Partei Native American Citizens.

Er verfasste seine erste nationalistische Schrift *Foreign Conspiracy Against the Liberty of the United States* (Ausländische Verschwörung gegen die Freiheit der Vereinigten Staaten). In der Zeitschrift seiner Brüder, dem *Observer*, veröffentlichte er noch weitere nationalistische Texte, die das Einwandererproblem in den amerikanischen Großstädten behandelten. Von den Nationalisten ließ sich Finley auch dazu überreden, für das Bürgermeisteramt in New York zu kandidieren. Es blieb ein kurzes Gastspiel in der Politik, denn weit kam Finley nicht. Eine weitere Niederlage, die er hinzunehmen hatte.

Wenn Finley an die Ideale seiner Jugend dachte, musste er sich eingestehen, dass er nicht viel erreicht hatte. Sein großes Ziel aus der Londoner Studienzeit – die Historienmalerei – lag in weiter Ferne. Immer noch verdiente er mit der Porträtkunst sein Geld, und das mehr schlecht als recht. Dabei sah er sich nicht mehr als Maler. Er wollte sich mit seinen elektrischen Experimenten beschäftigen.

Zu Beginn des Jahres 1834 ergab sich allerdings doch eine letzte

Gelegenheit, wie Finley meinte, als Historienmaler zu brillieren. Für die Rotunde des Kapitols in Washington wurden Historienmaler gesucht, die die Innenwände für zukünftige Generationen gestalten und jeweils ein Kapitel aus der Geschichte Amerikas an diesem gewichtigen Ort festhalten sollten. Der Kongress berief ein Auswahlkomitee, das damit beauftragt wurde, vier Maler für die große nationale Aufgabe zu bestimmen.

Finley zweifelte keine Sekunde daran, dass er zu den Auserwählten zählen würde. Als Präsident der National Academy of Design konnte er auf breite Unterstützung unter Künstlern und Politikern hoffen. Außerdem hatte er zu diesem Zeitpunkt bereits über zwanzig Jahre seines Lebens der Malerei gewidmet, sieben Jahre davon in England, Frankreich und Italien. Doch die Sache zog sich hin. Das Auswahlverfahren währte ganze drei Jahre und wurde durch die Entscheidung des Präsidenten erschwert, auch ausländische Künstler zur Bewerbung zuzulassen. Er fand, es gebe nicht genügend amerikanische Künstler, die solch einer monumentalen Aufgabe gewachsen wären. Zu Beginn des Jahres 1837 schließlich wurden in einer feierlichen Zeremonie die Namen der vier auserwählten Maler bekannt gegeben: John Chapman, Robert Weir, John Vanderlyn, Henry Inman. Samuel Finley B. Morse war nicht dabei.

Dies war die größte Niederlage in seiner Künstlerkarriere. Er fühlte sich als Maler missachtet und als national gesinnter Staatsbürger vor den Kopf gestoßen. Finley verfiel in eine wochenlange tiefe Schwermut, in der ihm auch der anbrechende Frühling gleichgültig blieb. Was sollten ihm die ersten Sonnenstrahlen nach dem langen Winter? In seinem Herzen herrschte Nacht. Seine Hoffnungen und Ambitionen als Künstler waren endgültig ausgelöscht. Seine Zukunft erschien ihm ungewisser denn je.

An seinen Freund James Fenimore Cooper schrieb er: »Wenn die Malerei auch nur erwähnt wird, erzeugt das eine Traurigkeit in meinem Herzen, die ich nicht beschreiben kann. Vielen ist die

Malerei eine lächelnde Liebhaberin, mir aber war sie eine grausame Gefährtin. Nicht ich habe sie verlassen, sie verließ mich« (II, S. 20).

Finley verfügte, man solle bis auf einige wenige Familienporträts all seine Bilder zerstören. Niemals mehr wollte er daran erinnert werden, Maler gewesen zu sein. Nicht einmal sein alter Freund Washington Allston, der fast genauso enttäuscht gewesen war wie Finley selbst, konnte ihn für die Kunst zurückgewinnen. Sie war für Finley tot. Und als er langsam aus seiner Niedergeschlagenheit herausfand, war der Weg für den Telegrafen frei. Nach wie vor fehlten ihm zwar die nötigen finanziellen Mittel, doch Finley widmete sich nun mit allen Kräften seinen elektrischen Experimenten. Im dritten Stock der New York University, wo ihm Räume zur Verfügung standen, entwickelte er rastlos, mit dem Zorn des Geächteten, seinen Telegrafen weiter. Er schlief und arbeitete in der Universität. Einkaufen ging er, wenn es bereits dunkel war, um seine Armut zu verbergen. Trotz der Geldnot gelang es ihm in wenigen Monaten, seine Grundidee zu verfeinern und einen richtigen Apparat zu konstruieren.

»Mit äußerst beschränkten Mitteln begann ich, mit meiner Erfindung zu experimentieren. Mein erster Apparat bestand aus einem alten hölzernen Bilderrahmen, den man eigentlich zum Spannen von Leinwänden verwendet und der an einem Tisch befestigt war, sowie einem alten Uhrwerk, das durch ein Gewicht bewegt wurde und langsam einen Streifen Papier beförderte. Ein Pendel war an der obersten Leiste des Rahmens befestigt und berührte unten das Papier am höchsten Punkt einer hölzernen Scheibe. Ein an der Unterseite des Pendels angebrachter Stift geriet auf diese Weise in Kontakt mit dem Papier; seine Bewegung wurde durch eine Vorrichtung in der Mitte des Rahmens gesteuert« (II, S. 25).

Zu dem Apparat gehörte eine Batterie, deren positiver und negativer Pol durch Drähte mit einer um einen Eisenkern gewickelten Kupferdrahtspule verbunden waren. Floss Strom durch die

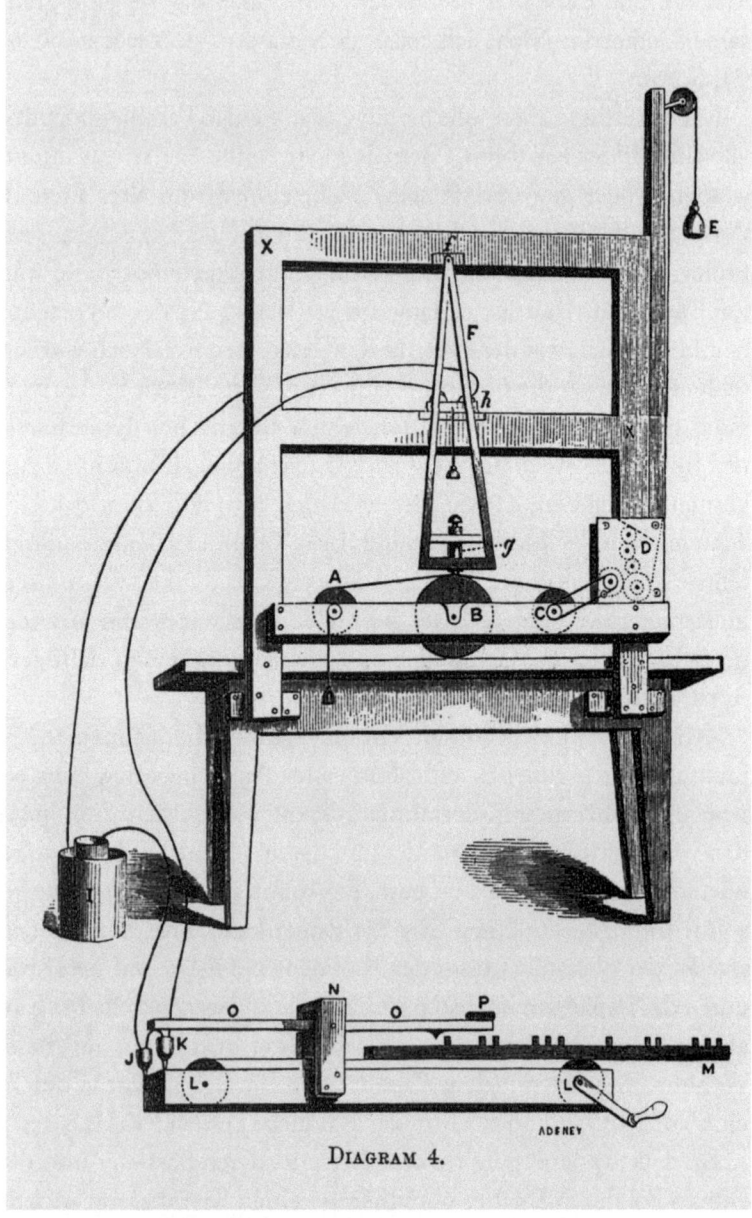

DIAGRAM 4.

Der Original-Morse-Telegraf aus dem Jahr 1836

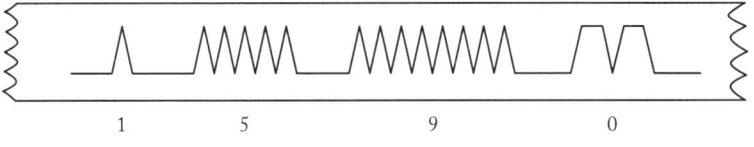

Das älteste Morsealphabet, die V-Schrift

Spule, wurde der Eisenkern magnetisch. Der elektrische Impuls brachte das Pendel zum Schwingen, und der Stift fuhr in Zickzackbewegungen über das Papier.

Dieser einfache Apparat konnte nur Vs produzieren. Finley war von dem Punkte-und-Striche-Code seiner allerersten Skizze, bei der ein Strich jeweils eine Erhöhung der Zahl um 5 bedeutete, vorübergehend abgewichen, da ihm die finanziellen Mittel zur Weiterentwicklung fehlten. Also machte er seine Versuche fürs Erste mit der leichter umzusetzenden V-Methode, einem reinen Zahlencode: VVVVVV bedeutete 6, VV VVV 23.

Von dieser ersten Zackenschrift zum Morsealphabet war es noch ein weiter Weg.

Die Kollegen und Studenten, die Finley, der sich nun Professor für grafische Künste nennen durfte, zu Vorführungen seines Apparats einlud, beschrieben seine Räume in der New York University wie ein Hexenlabor. Teile von galvanischen Batterien, Spulen, Flaschen mit Chemikalien, unzählige Papierstreifen mit Tausenden von Vs lagen auf dem Boden herum. Kabel und Drähte hingen von den Wänden. Hier war ein Besessener am Werk.

Die Versuche mit chemisch präpariertem Papier, über die er mit Charles Jackson auf der *Sully* gesprochen hatte, führten nicht zu befriedigenden Ergebnissen. Sein mechanischer Apparat war praktischer und verlässlicher, stellte Finley zufrieden fest. Für

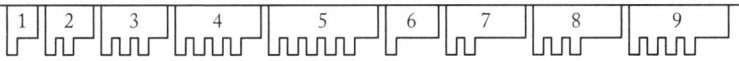

Das von Morse entworfene Sägezähne-System

den Sendeapparat hatte er ein System mit Sägezähnen entworfen, das durch einen Draht mit dem Wiedergabeapparat verbunden war, der in den anfänglichen Experimenten noch im selben Raum stand. Eine ganz besondere Aufgabe gedachte Finley seinem Kollegen und Freund Henry B. Tappan zu. Er bat ihn, sich an die Wand seines Zimmers zu stellen und laut etwas zu sprechen. An der gegenüberliegenden Wand tippte Finley wie ein Verrückter in seinen Sendeapparat ein, und am anderen Ende, neben dem Freund, erschienen dessen Worte in Form von Vs auf einem Papierstreifen im Wiedergabeapparat. In Finleys Labor funktionierte der Telegraf in einer Vorstufe bereits.

Begeistert erzählte Tappan seinen Studenten von dem Versuch: »Es ist ganz einfach, erklärte mir Professor Morse: Ein Magnet wird elektrifiziert, zieht einen Hebel an und bringt einen Bleistift in Bewegung. Es ist Zauberei! Davon wird die Welt noch sprechen! Dabei ist Professor Morse so arm, dass er seinen Wunderapparat aus einem Bilderrahmen und einem alten Uhrwerk bauen musste.«

Auf das alte Uhrwerk war Finley gekommen, weil es zu den Gegenständen gehörte, die ihn täglich umgaben. Der Bilderrahmen hingegen hatte zu seinen Malerutensilien gezählt.

»Mit diesem Apparat, so einfach er ist, sehe ich mich in der Lage, telegrafisch verständliche Zeichen zu notieren«, vertraute Finley stolz seinem Notizbuch an (II, S. 26). Nun ging es nur noch darum, Nachrichten über längere Distanzen zu senden.

Finley arbeitete auf Hochtouren, doch auch die Konkurrenz schlief nicht. Den Franzosen F. Gonon und M. Servall war es gelungen, mit ihrem optischen Telegrafen in einer Stunde einhundert Wörter von New York nach New Orleans zu senden. Alle amerikanischen Medien berichteten darüber, und auch der *Observer* brachte die Nachricht. Finleys Brüder forderten ihn auf, umgehend mit einem Bericht über seine Arbeit zu kontern, damit die amerikanische Öffentlichkeit informiert werde, dass auch ein Amerikaner an einem Telegrafensystem arbeitete. Finley setzte sich sofort hin und schrieb einen Bericht über seine Versuche mit dem elektrischen Telegrafen.

Der Begriff elektrischer Telegraf war neu. Bis dahin war mit dem Wort Telegraf ausschließlich der optische Telegraf, der sogenannte Semaphor, gemeint gewesen. Der optische Telegraf funktionierte wie eine Art Windmühlenflügel mit schwenkbaren Signalarmen und Indikatorbalken. Die Semaphore standen auf Hügeln oder Türmen, je nach Sichtbedingung vier bis fünfzehn Kilometer weit voneinander entfernt. Mit einem Fernglas wurden die übermittelten Zeichen abgelesen und an die nächste Station weitergegeben. Die einzelnen Signalsysteme mussten in Sichtweite angeordnet sein, ihre Anwendung hing in extremem Maß von den Wetterverhältnissen ab. Durch einen Seilzug konnten die Signalarme in sechsunddreißig verschiedene Stellungen gebracht werden und so alle Buchstaben des Alphabets und zehn Ziffern abbilden. In der verbesserten Form stand eine Zeichenkonfiguration für ganze Begriffe oder Sätze, die in einem Codebuch festgelegt waren.

Um 1840 wurden in Frankreich, England und Deutschland optische Telegrafenlinien von mehreren Tausend Kilometern betrieben. Und nun war das System von Gonon und Servall auch nach Amerika gekommen. Finley musste sich sputen. Der optische Telegraf war mühselig zu bedienen und störanfällig, während sein elektromechanisches System in Kombination mit dem linearen Code an Einfachheit nicht zu überbieten war – wenn es denn jemals über größere Distanzen funktionieren sollte.

Immer wieder führte Finley Freunden und Kollegen an der Universität seinen Apparat vor. Bei einer der Vorführungen im Januar 1836 war auch Leonard D. Gale anwesend. Gale, Professor für Geologie und Mineralogie an der New York University, zeigte sich sofort sehr interessiert und half Finley bei der Beschaffung von Material. Gale gab Finley auch Tipps, wie man die Magnete und Batterien noch besser einsetzen könnte.

Finleys finanzielle Lage war nach wie vor äußerst prekär. Seit Monaten schon wohnte er in seinen Arbeitsräumen, um die Miete zu sparen. Das Essen holte er sich aufs Zimmer, auf diese Weise hielt er seine Lebenshaltungskosten so niedrig wie möglich. Er führte ein asketisches Dasein. Doch seine Begeisterung hielt ungebrochen an, und mehr brauchte er nicht.

Er stand jetzt vor einem neuen Problem: Die Batterie, die er benutzte, konnte nur einen schwachen Strom erzeugen. Für die Überwindung größerer Entfernungen waren noch Verbesserungen vonnöten. Die elektrische Spannung musste gesteigert werden. Und die Anzahl der Drahtwindungen musste erhöht werden. Gale half Finley beim Umwickeln des Eisenkerns. Schließlich schaffte es Finley, eine Nachricht über einen hundert Fuß langen Draht zu Gale zu senden – ein erster gemeinsamer Erfolg. Als Nächstes sandte Finley eine Nachricht bis zu Gales Vorlesungszimmer – über tausend Fuß weit. Sie waren auf dem richtigen Weg! Auf dem Gang standen Studenten und applaudierten.

Bei den Experimenten mit seinem Telegrafen kämpfte Finley vor allem mit der Stromzufuhr. Da der Strom einer einzigen Batterie für seine Versuche nicht ausreichend war, sann er nach einer Methode, wie man verschiedene Stromkreise aus verschiedenen Batterien aneinanderschließen könnte.

Wieder war es die Einfachheit der Überlegung, die Finley zum Ziel führte: Er brauchte einen elektromagnetischen Schalter, ein Relais.

An der Idee eines Schalters, der nicht von Hand, sondern mithilfe eines Elektromagneten betätigt wird, arbeiteten mehrere Wissenschaftler parallel. Finley war also nicht der Einzige, aber er kam selbstständig darauf. Und mit dem Relais gelang es ihm, auf eine Entfernung von zwanzig Meilen einen Stromkreis einzuschalten. Durch das Relaissystem wurde eine Kette von Strom-

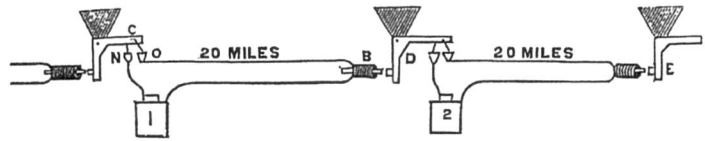

Morses Relais-Plan, 1837

kreisen gebildet, und auf diese Weise konnte der Stromimpuls auf langen Strecken weitergegeben werden.

Leonard D. Gale machte Finley auf eine Veröffentlichung eines gewissen Joseph Henry aus Princeton aufmerksam. Dem amerikanischen Physiker Joseph Henry war es gelungen, mithilfe von Elektrizität von seinem Labor aus eine Glocke in seinem Wohnhaus zum Läuten zu bringen.

Finley kontaktierte Henry, der bereits 1835 das elektromagnetische Prinzip des Relais zur Nachrichtenübermittlung angewandt hatte. Relais, erklärte Henry dem wissbegierigen Finley, werde das Gerät in Anlehnung an die Relaisstationen der Post genannt, wo die Postreiter ihre müden Pferde gegen frische tauschen konnten. Das Bild gefiel Finley. Genau in diesem Sinn hatte er das Relais auch eingesetzt.

Auf Anregung von Joseph Henry verbesserte er sein System so, dass es auch auf schwache Impulse reagierte. Nun war eine solide Methode gefunden, den Strom zu verstärken, auch wenn die Distanz zur Stromquelle groß war. Seinem Ziel, Nachrichten über große Distanzen zu übermitteln, war Finley damit wieder einen Schritt näher gekommen.

Zu diesem Zeitpunkt sagte Finley voraus, dass die beiden Kontinente Europa und Amerika eines Tages mit einem elektrischen Draht verbunden sein würden. Doch dies erschien vielen als gewagte Fantasie, eine unvorstellbare Idee. Sie verspotteten den Fantasten, dessen Kopf in den Wolken schwebte und dessen Gedankenflüge keine Grenzen kannten.

75

Überraschend meldete sich einer der Mitreisenden auf der *Sully* bei Finley: Der Physiker Charles Jackson wandte sich mit einem Schreiben an ihn, in dem er darauf bestand, durch seine Diskussionsbeiträge während der Überfahrt an der Erfindung des elektrischen Telegrafen mitbeteiligt zu sein. Finley schrieb ihm im Verlauf eines längeren Briefwechsels über ein Dutzend wütender Briefe zurück. Wie er nur auf diese Idee komme! Er erinnerte Jackson an die naive Frage von Mr. Fisher, an ihre Gespräche auf dem Schiff, in denen Jackson Finley lediglich Franklins Beweis erklärt habe, dass Strom gleichmäßig durch die Leitung fließe. Dies sei tatsächlich der Ausgangspunkt gewesen, der Finley auf die Idee zu seinem Telegrafen gebracht habe. Doch er habe sich danach alles selbst erarbeitet. Finley sah sich ohne jede Frage als den alleinigen Erfinder des Telegrafen. Es gebe keinen Grund, warum ausgerechnet Jackson daran beteiligt gewesen sein sollte. Die Sache schlief dann schließlich ein.

In Leonard D. Gale hingegen hatte Finley einen Kompagnon gefunden, mit dem er seine Fragen, seine Sorgen, seine Begeisterung und Erregung teilen konnte. Eineinhalb Jahre arbeitete Finley mit Gales Hilfe an seinem elektrischen Telegrafen, finanziell noch immer von seinen beiden Brüdern unterstützt.

Am 2. September 1837 führte Finley seinen geliebten T – wie er ihn nun mit Kosenamen nannte – in seinem Universitätskabinett vor. Es kam zu einer weiteren für ihn prägenden Begegnung, denn zufällig war an diesem Tag ein gewisser Alfred Vail anwesend. Vail ließ sich von Finley seine Erfindung genau erklären und erkannte sofort ihr enormes Potenzial. Aus einem Bleistift, der in einem Holzgestell eine Zickzacklinie aufzeichnete, ließ sich gewiss noch so einiges machen. Vails Vater besaß eine Gießerei, die Speedwell Iron Works in Morristown, New Jersey, und der junge Vail hatte entsprechende Erfahrung im Umgang mit technischen Geräten; durch seinen Vater war es ihm auch möglich, Finley Geld und Material zur Verfügung zu stellen. Ursprünglich hatte Alfred Vail

Theologie studieren wollen, doch während einer längeren Erkran-
kung war er davon abgekommen. Nun, da Vail mit seinen knapp
dreißig Jahren nicht recht wusste, wie er seine Zukunft gestalten
sollte, kam ihm die Bekanntschaft mit Finley und seinem Telegrafen gerade recht. Am 23. September 1837 schlossen Finley und Vail
ein Abkommen, das ihre Zusammenarbeit besiegelte. Ihr Zusam-
mentreffen zu diesem Zeitpunkt war ein Glücksfall für beide. Die
richtige Begegnung im richtigen Moment.

Das Abkommen sah vor, dass Vail eigene Instrumente konstru-
ierte und dafür die Kosten übernahm. Außerdem vereinbarten die
beiden, dass sie sich gegenseitig alle entdeckten Verbesserungen
und Vereinfachungen den Telegrafen betreffend sofort mitteilen
würden. Finley hatte einen kreativen und finanzkräftigen Unterstützer für seine Erfindung gefunden. Und Alfred Vail wurde auf
diese Weise anstatt zum Theologen zum Ingenieur und Erfinder.

Kurz nach Abschluss des Abkommens schickte Finley ein Schreiben nach Washington, in dem er das Patent an dem Morse-Telegrafen anmeldete. Vail zahlte die anfallenden Gebühren von dreißig Dollar. Eine genaue Beschreibung des Telegrafen war angefügt.

Ab 1840 ließ er dann bei jeder Verbesserung, die vorgenommen
wurde, seinen Telegrafen neu patentieren.

Als Gegenleistung für seinen kreativen und finanziellen Einsatz
beteiligte Finley Vail schon mal prophylaktisch mit 25 Prozent an
den Erträgen des Morse-Telegrafen in Amerika und mit 50 Prozent an den Einnahmen, die aus Europa zu erwarten waren.

Vail fuhr immer wieder nach New Jersey, um in den Eisenhütten
von Morristown die Anfertigung der neuen Instrumente zu kontrollieren, während Gale und Finley den Apparat weiterentwickel-
ten. Die drei Männer ergaben ein perfektes Team.

Finley und Gale kämpften vor allem mit dem Draht, der den
Strom leiten sollte und in zermürbender Langsamkeit von einem
Hersteller aus Connecticut geliefert wurde. Finley beklagte sich
über die mangelhafte Qualität des Kupfers. Außerdem war der ge-

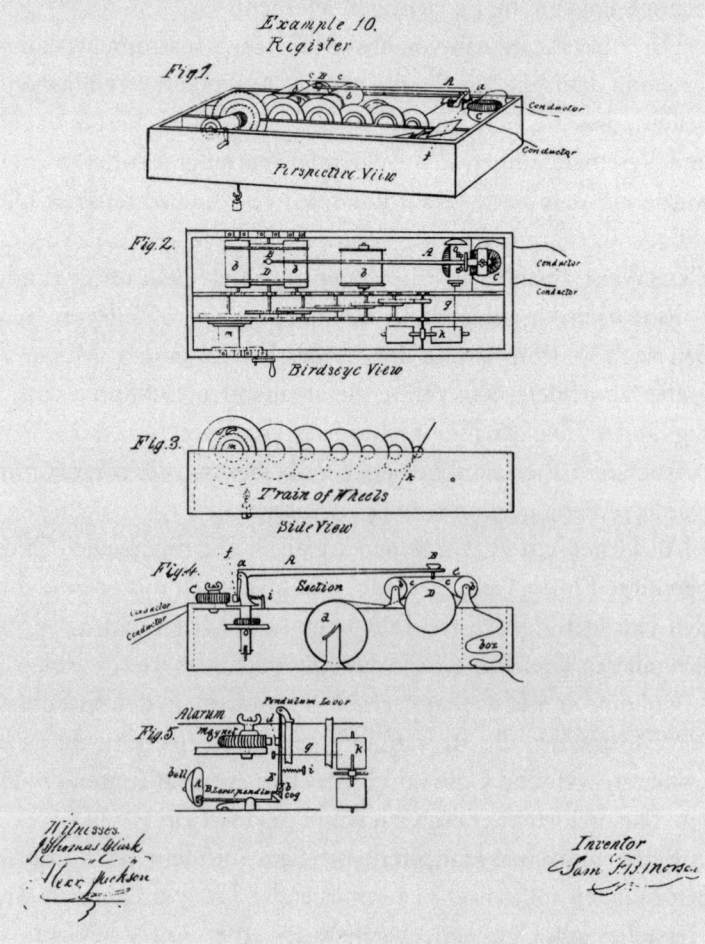

Originalpatent für den Morse-Telegrafen

lieferte Draht schlecht isoliert, Gale und er mussten ihn in mühevoller Handarbeit neu mit Baumwolle umwickeln.

Am 6. Januar 1838 feierten Samuel Finley B. Morse, Leonard D. Gale und Alfred Vail allen Widrigkeiten zum Trotz ihren ersten Triumph. Vail sandte seinen ersten ganzen Satz über den Telegrafen und bangte zitternd, ob Finley ihn lesen konnte.

Unendlich langsam tickerte die Nachricht über den Telegrafen. Als hätten die Erfinder der neuen, schnellen Kommunikation alle Zeit der Welt. Dabei fieberten sie dem Ergebnis entgegen. Doch schließlich konnte Finley seinen Freunden und Mitarbeitern den vollständigen und fehlerlosen Satz vorlesen: »A patient waiter is no loser.« (Ein geduldig Wartender ist kein Verlierer.)

Die Männer lagen sich in den Armen. Der Telegraf war noch schwer und behäbig im Vergleich zu den später von Finley und Vail entwickelten Modellen, doch er tat seine Dienste.

Noch immer funktionierte er allerdings mit einem Zifferncode. Bei jedem Stromstoß malte der Stift ein V aufs Papier, und die Anzahl der Zacken entsprach der jeweiligen Ziffer. Die Ziffern konnten nur mithilfe eines Verzeichnisses als Wörter gelesen werden. Das Zahlencode-System war kompliziert und unhandlich, und Finley zeigte sich zunehmend unzufrieden. Sein ursprünglicher Gedanke, ein Alphabet aus Punkten und Strichen zu entwerfen, ging ihm nicht aus dem Kopf. Er hatte sich zu lange auf das V-System konzentriert, anstatt seiner allerersten Idee zu vertrauen! Nun wollte er darauf zurückkommen und alle Energien daransetzen, einen leicht handhabbaren Buchstaben-Code aus Punkten und Strichen zu entwerfen. Vail unterstützte ihn dabei. Die beiden tüftelten in jeder freien Minute an den Punkten, Strichen und den idealen Pausenabständen zwischen den Buchstaben und Wörtern. Buchstaben, die oft vorkamen, erhielten einfache Zeichen, während selteneren Buchstaben längere Zeichen zugewiesen wurden. So ist bereits in der ersten Version des Morsealphabets für das E nur ein Punkt vorgesehen (·), während Q oder Z durch längere Abfolgen aus Punkten und Strichen wiedergegeben werden: · − · und · − · · . In dieser ersten Version besaß noch nicht jeder Buchstabe ein eigenes Code-Zeichen, sondern manche Zeichen standen für zwei verschiedene Buchstaben: So war · · · = J bzw. G; · − = I bzw. Y; − = V bzw. L und · − · = S bzw. Z. Welcher Buchstabe gemeint war, musste sich aus dem Kontext erschließen. Doch jeder Buchstabe hatte ein Zeichen zugewiesen bekommen. Das Alphabet war fertig. Finley veröffentlichte es 1838.

Nun musste nur noch die Regierung für das Projekt interessiert werden. Die erste öffentliche Vorführung des Telegrafen mit dem Morsealphabet sollte in Morristown stattfinden. Von weit her strömten die Leute herbei, um den kuriosen elektromagnetischen Telegrafen zu sehen, von dem sie schon so viel gehört hatten. Unter den Neugierigen war General Thomas S. Cummings, der Finley einen Zettel in die Hand drückte, auf den er eine Nachricht gekritzelt hatte. Ob der Telegraf sie senden könne? Finley nickte. Über eine Entfernung von zehn Meilen konnte der Telegraf Nachrichten senden, zehn Wörter pro Minute.

Die Spannung war groß, es herrschte konzentrierte Stille, nur das Klickern des seltsamen Instruments war zu hören. Dann wurde zehn Meilen entfernt die erste im Morsealphabet gesandte Nachricht verlesen: »Attention, the Universe, by kingdoms right wheel.« (Universum, stillgestanden, Königreiche, marsch!)

Die Besucher jubelten. Eine neue Ära hatte begonnen. Der Weg für den Einsatz des Morse-Telegrafen war geebnet, auch wenn es bis zu seinem endgültigen Siegeszug noch dauern würde. Sechs Jahre sollten vergehen, sechs Jahre voller Kämpfe, Rückschläge und Enttäuschungen, bis Finleys System staatlich anerkannt und im ganzen Land verbreitet sein würde.

Zunächst fuhren Vail und Finley nach Philadelphia, wo sie den Apparat im Franklin Institute vorführten. Dort stellte Finley erstmals ausführlich sein Alphabet aus Punkten und Strichen vor.

	Morsealphabet	
	ursprünglich (1838)	amerikanisch (1844)
A	· · ·	· —
B	· · · ·	— · · ·
C	· · ·	· · ·
D	· · · · ·	— · ·
E	·	·
F	· · · ·	· — ·
G	· · ·	— — ·
H	· · · ·	· · · ·
I	· —	· ·
J	· · ·	— · — ·
K	— · —	— · —
L	—	—
M	— · ·	— —
N	— ·	— ·
O	· ·	· ·
P	· · · ·	· · · ·
Q	· · — ·	· · — ·
R	· ·	· · ·
S	· — ·	· · ·
T	— — ·	—
U	· — —	· · —
V	—	· · · —
W	· · —	· — —
X	— —	· — · ·
Y	· —	· · · ·
Z	· — ·	· · · ·

81

Im Folgenden untersuchte Finley die Frequenz der Buchstaben und Wörter im täglichen Sprachgebrauch und verbesserte das Alphabet mithilfe seiner Mitarbeiter ständig. Er fand heraus, welches die zehn am meisten gebrauchten Wörter in seinem Alphabet waren:»I, we, you, is, what, say, come, make, work, go«. Nun bekam jeder Buchstabe ein eigenes Zeichen, und die überarbeitete»amerikanische Morse-Schrift« wurde zum Standardsystem für die USA und Kanada.

Im Februar 1838 befasste sich das Parlament mit der Frage der Telegrafie. Sollte man auf das Morse-System setzen?

Finley erhielt ein Schreiben, in dem er um weitere Informationen zu seinem elektrischen Telegrafen gebeten wurde. Er setzte sich sofort hin und antwortete ausführlich, in fahrigen Schriftzügen, die seine Aufregung verrieten. In allen Einzelheiten erklärte er seine Erfindung und hob ihre Vorteile hervor: die bequeme Größe der Sende- und Empfangsapparate, die Leichtigkeit, mit der die Nachrichten aufgezeichnet werden konnten, die Unabhängigkeit von Zeit, Tag und Witterung und die niedrigen Herstellungskosten im Vergleich zu den Apparaten aus Europa.

Finley präsentierte seinen Telegrafen an mehreren aufeinanderfolgenden Tagen in Washington. Die Sektion»Handel« des Kongresses stellte ihm dafür Räume im Kapitol zur Verfügung. Er spannte zehn Meter Draht in dem Raum und schloss den Telegrafen an. Nach außen hin wirkte er ruhig, doch sein Herz klopfte heftig, denn er wusste, dass diese Vorführung seinen weiteren Werdegang entscheidend beeinflussen könnte. Wenn er Washington von dem Telegrafen überzeugte, wäre das ein Meilenstein in der Durchsetzung seiner Erfindung. Sobald sich die Regierung für den Apparat interessierte, hätte Finley sein Ziel erreicht. Er war sich durchaus bewusst, dass sein Telegraf zum Guten wie zum Bösen eingesetzt werden konnte, und wollte daher unbedingt eine öffentliche Kontrolle darüber.

Trotz des stürmischen Wetters, das in diesen Tagen herrschte, strömten Abgeordnete, Gesandte und Wissenschaftler in Scharen in den Raum, in dem das Wunderding gezeigt wurde. Für den amerikanischen Präsidenten Martin Van Buren und einige Kabinettsmitglieder gab es eine eigene Vorführung. Alle wollten den Telegrafen sehen und sein mysteriöses Tickern hören. Die Nachricht von dem Wunderapparat hatte sich in der ganzen Stadt herumgesprochen. Noch nie sei in Washington etwas so Lärmendes und Nützliches vorgeführt worden, hieß es im Kongress. Die Vorführungen waren ohne Zwischenfälle verlaufen. Finley wurde aufgefordert, seine Erfindung in einem ausführlichen Bericht zu erläutern. Dies schien ihm ein gutes Zeichen zu sein. Nun schätzte Finley die Chancen, bei den Mitgliedern der Regierung mit seiner Erfindung auf Interesse zu stoßen, hoch ein. Schließlich war sein Telegraf ein einzigartiges Gerät und zog immer mehr Menschen in seinen Bann. Die Vorführungen begannen Finley Spaß zu machen; seine anfängliche Unsicherheit war verflogen. Er schenkte seinem Gerät volles Vertrauen.

Und sein T ließ ihn nicht im Stich. Gut so – denn Finley hatte keine Zeit mehr zu verlieren. Auch die Konkurrenten waren weitergekommen. Finley hörte, dass in Deutschland der von Carl Friedrich Gauß und Wilhelm Weber entworfene Telegraf von dem Münchner Professor Karl August Steinheil ausgebaut und weiterentwickelt wurde. Karl August Steinheil arbeitete auch an einem Alphabet, das dem Finleys ähnlich war. Es bestand nur aus Punkten, die in zwei verschiedenen Zeilen angeordnet waren und ebenso jeweils Buchstaben entsprachen. Steinheils Gerät war ein Magnetnadeltelegraf, bei dem die telegrafischen Zeichen durch in verschiedene Richtungen geführte magnetische Nadeln mit Tinte auf Papier geschrieben wurden.

Indes bot ein neuer Interessent Finley seine Dienste an: Senator Francis O. J. Smith, Obmann der Sektion »Handel« und Kongressmitglied aus Portland. Francis O. J. Smith, Neuengländer wie Finley selbst, wollte sich darum kümmern, einen Gesetzentwurf einzureichen. Die Regierung sollte für den Aufbau einer telegrafischen Verbindung von hundert Meilen einen Betrag von dreißigtausend Dollar bewilligen. Smith nahm eine Doppelrolle ein. Während er eigentlich für öffentliche Gelder zuständig war, zeigte er sich als Privatmann von dem Telegrafen so überzeugt, dass er Finley anbot, persönlich mit in das Projekt einzusteigen. Dafür ließ er sich vom Kongress für einige Monate beurlauben. Ein Geschäftsmann mit vielen Beziehungen und dem Wunsch zu investieren – Finley überlegte nicht lange. Er nahm Smiths Angebot an und machte ihn zum Partner. Smith wurde in einem offiziellen Vertrag mit einem Viertel an den Einnahmen des Telegrafen in den Vereinigten Staaten beteiligt. Der Beteiligungsschlüssel wurde neu festgelegt: Nun hielt Finley selbst neun Sechzehntel, Vail zwei, Gale eins und Smith vier. Ohne das Einverständnis von allen vieren konnte kein Vertrag abgeschlossen werden.

Wenn auf einer Strecke von hundert Meilen keine unüberwindbaren Hindernisse auftauchten, so meinte Finley, wären auch auf einer Strecke von tausend oder zehntausend Meilen keine zu erwarten. Und spätestens dann musste die Regierung in Betracht ziehen, das Telegrafensystem im ganzen Land zu organisieren, zu verwalten und zu kontrollieren.

In einem Brief an Smith schrieb er am 15. Februar 1838: »Es ist auf den ersten Blick offensichtlich und wird nicht zu verhindern sein, dass diese Art der spontanen Kommunikation ein immens großes Machtinstrument wird und zum Guten wie zum Schlechten eingesetzt werden kann« (II, S. 54).

Smith stimmte ihm zu. Der Regierung allein müsse das uneingeschränkte Nutzungsrecht der Nachrichtenübermittlung obliegen. Der Telegraf sollte kein Monopol in den Händen von Spekulanten werden.

Francis O. J. Smith schlug vor, die Kosten für den Erwerb ausländischer Patente zu übernehmen, inklusive der Auslagen für eine Europareise. Er wollte vor allem in Frankreich und Großbritannien für den Morse-Telegrafen werben. Finley plante, ihn für die ersten drei Monate zu begleiten. An den im Ausland verkauften Rechten sollte Smith mit fünf Sechzehnteln beteiligt werden.

Für die Europareise stellten Finley und seine Partner unter Hochdruck mehrere Telegrafenapparate fertig. Schließlich ging es darum, zu beweisen, dass Finleys T das Magnetnadelsystem der Engländer Charles Wheatstone und William F. Cooke in jeder Hinsicht schlug. Sein elektromagnetischer Apparat war besser und einfacher. Noch vor seiner Abreise erfuhr Finley, dass Wheatstone und Cooke in England bereits ein Patent für ihren Telegrafen erhalten hatten. Sie waren ihm zuvorgekommen! Dabei bemühte er sich doch ebenfalls mit Nachdruck seit geraumer Zeit um ein Patent in England, und Smith hatte für das Ansuchen von Amerika aus sogar schon eine nicht unerhebliche Gebühr bezahlt. Außerdem hatte er zu dem elektromagnetischen Telegrafen auch ein Alphabet anzubieten, einfach zu handhaben und leicht verständlich für den Empfänger. Das offerierte sonst niemand! Er war den Engländern technisch in jedem Fall voraus. Doch so naiv war Finley nicht, sich auch nur eine Sekunde lang in dem Glauben zu wiegen, dass es hier ausschließlich um den besten Apparat ging. Sollte die neue Kommunikationstechnik Erfolg haben, stand zu viel auf dem Spiel. Dann war das Gerät ein Wirtschaftsfaktor, und es ging um viel Geld. Also musste er alles, was er hatte, in die Waagschale werfen. Doch das war nicht besonders viel. Wer war er denn schon? Ein amerikanischer Maler und Professor an einer Kunstakademie, ohne nennenswerte Kontakte zu Politik und Wissenschaft.

Mit gemischten Gefühlen schiffte sich Finley diesmal nach Liverpool ein. Er setzte nun alles auf eine Karte: die Telegrafie. Der ungebrochene Glaube an sich selbst, der seine erste Europareise bestimmt hatte, war mit seiner Jugend verflogen. Wenn das Unternehmen Telegraf schiefging, wäre er endgültig gescheitert. Doch daran mochte Finley im Moment nicht denken.

In England den Morse-Telegrafen vorzustellen, entpuppte sich als mühsam. Smith hatte viele Briefe geschrieben, sogar an die englische Krone, doch keine Antworten erhalten. Sieben Wochen wollte Finley in London bleiben, in dieser Zeit musste etwas geschehen. Doch Smith und ihm blies ein kühler Wind entgegen. Interesse am Morse-Telegrafen gab es kaum. Der zuständige Kronanwalt John Campbell machte Finley keine großen Hoffnungen auf ein Patent in England. Man favorisierte andere Modelle. Finleys Gegenspieler waren Wheatstone und Cooke mit ihrem Magnetnadeltelegrafen und der Londoner Physiker Edward Davy, der ebenfalls einen elektrischen Telegrafen erfunden hatte. Sie fühlten sich für den englischen Markt zuständig und erhoben schriftlich Protest gegen Finleys Patentanmeldung. Ein Amerikaner habe bei ihnen nichts zu suchen!

Der Telegraf von Davy, der mit sechs Drähten funktionierte, war in London in der Exeter Hall ausgestellt. Für das Eintrittsgeld von rund einem Shilling besuchte Finley die Ausstellung. Es war das erste Mal, dass er einen Apparat aus Europa vorgeführt bekam, bislang hatte er nur in der Zeitung über die Konkurrenzapparate gelesen und Bilder gesehen. Ein Original vor sich zu haben und zu sehen, wie der Telegraf bedient wurde, war sehr beeindruckend. Doch auch Davys Apparat funktionierte nicht so einfach wie sein elektromagnetischer Telegraf. Die Welt musste doch endlich verstehen, was er anzubieten hatte!

Doch das Glück stand nicht auf Finleys Seite. Die erhoffte Zulassung des Patents in England scheiterte an dem Kronanwalt, der das Ansuchen mit einer formalen Begründung abwies: Es habe bereits eine Veröffentlichung über den Telegrafen gegeben. Der Kronanwalt Sir John Campbell sah sich den Apparat, den Finley extra aus Amerika mitgebracht hatte, nicht einmal an. Auch stellte er keine weiteren Fragen. Die Sache hatte sich für ihn erledigt. Die Erfindung war im *Mechanics' Magazine,* Nr. 757 vom 10. Februar 1838, publiziert worden, damit sei es laut englischem Gesetz nicht mehr möglich, ein Patent zu bewilligen.

In einem ausführlichen Brief erklärte Finley, dass in besagtem Artikel zwar von seinem Telegrafen die Rede sei, jedoch nicht beschrieben werde, wie er funktioniere. Mit dem Brief erwirkte er eine zweite Audienz.

Der Kronanwalt empfing Finley freundlich, ging jedoch nicht auf den Brief ein, den er wahrscheinlich gar nicht gelesen hatte. Die Entscheidung war gefallen, und dabei blieb es. Der Artikel in der Zeitschrift gelte als Veröffentlichung, und somit sei eine Patentbewilligung unmöglich.

Als er das Büro des Kronanwalts verließ, hatte Finley eine interessante Begegnung. Im Vorzimmer saß sein Konkurrent Wheatstone. Die Männer begrüßten einander höflich, und Finley war überrascht von der schüchternen und zurückhaltenden Art des jungen Professors, den er sich viel bestimmter und durchsetzungsfähiger vorgestellt hatte. Wheatstone lud Finley ein, seinen Apparat im King's College zu besichtigen, und Finley nahm die Einladung an.

Wheatstones Apparat war ein Sehapparat: Er zeigte mit fünf magnetischen Nadeln die Buchstaben an, zeichnete sie jedoch nicht auf. Außerdem benötigte Wheatstone zwölf Drähte, während Finley nur vier verwendete. Trotzdem hatte Wheatstone nicht nur in England, sondern auch in Frankreich bereits ein Patent erhalten.

Die anderen kamen schneller voran als er! Finley war um Freundlichkeit bemüht, innerlich aber nagte der Neid an ihm. War er in Amerika so weitab vom Schuss, dass ihn die Europäer mühelos überholen konnten? Oder favorisierten die europäischen Regierungen bloß Europäer?

Trost und Ablenkung fand Finley bei seinem Studienfreund Charles Leslie, der immer noch in London lebte und ihm in all den Jahren ein treuer und naher Freund geblieben war. Gemeinsam mit Leslie wohnte Finley am 28. Juni 1838 der Krönung von Königin Victoria in Westminster Abbey bei. Die ganze Stadt war geschmückt, königliche Familien aus vielen Ländern waren angereist, Prinzen und Prinzessinnen spazierten durch die Straßen. Es herrschte eine märchenhafte Stimmung, und Charles führte seinen Freund an die schönsten Orte der Stadt. Doch Finley war nicht bereit, sich verzaubern zu lassen. Nichts konnte ihn derzeit mit London versöhnen.

Enttäuscht verließ Finley England und reiste nach Paris. Er mietete sich in der Rue de Rivoli ein. Vor ihm, an der Seine, befand sich der Louvre. Finley stand am Fenster seiner kleinen Wohnung, blickte hinaus und dachte an die vielen Stunden, die er vor sieben Jahren im Louvre zugebracht hatte. Wie weit weg das alles lag, die »Grand Gallery«, die Malerei überhaupt, eine Tür, die Finley für immer hinter sich geschlossen hatte. Sein Freund Lafayette war tot. Seine Jugend war vorüber und seine Zukunft ungewiss.

In Paris wandte sich Finley zuerst an die Wissenschaftler der Stadt. Er hatte den Astronomen und Physiker Dominique François Jean Arago kennengelernt, einen entschiedenen Mann katalanischer Herkunft, mit dunklem Haar und buschigen Augenbrauen. Arago war Direktor des Königlichen Observatoriums und Mitglied der französischen Akademie der Wissenschaften. Er lud Finley ein, seinen Telegrafen im Observatorium und vor den Mitgliedern der Akademie vorzuführen.

Schon die Präsentation im Observatorium verlief unerwartet erfolgreich, und die Vorführung vor der Akademie, die im Institut de France stattfand, ließ die Zuschauer erst recht in Begeisterungsrufe ausbrechen.

»Extraordinaire!«, »Très bien!«, »Très admirable!«, erklang es aus allen Richtungen. Unter der hochkarätig besetzten Zuschauerschaft befand sich auch Alexander von Humboldt, der Finley vor allen Akademiemitgliedern die Hand schüttelte und ihm zu dem außerordentlichen Apparat gratulierte. Wichtige Pariser Zeitungen, wie der *Courier Français* und der *Moniteur,* berichteten ausführlich von der Vorführung. Es gab Anfragen für Interviews. Wie schade, dass Finley kein Französisch konnte!

Nun stand er im Mittelpunkt des öffentlichen Interesses. In ganz Paris sprach man von ihm und nannte seinen Telegrafen in einem Atemzug mit den französischen, deutschen und britischen Rivalen. In der französischen Wissenschaftswelt galt sein elektromagnetischer Telegraf als eine der bedeutendsten Entdeckungen der letzten dreißig Jahre.

Doch Finley konnte den Ruhm nicht frohen Herzens genießen, wie er seinem Bruder Sidney anvertraute: »Trotz alledem bin ich traurig. Ich bin nicht mehr jung; ich habe Kinder, aber sie sind Waisen, und Waisen werden sie auch noch lange bleiben. Ich habe ein Land, aber kein Heim« (II, S. 74).

Er war ein Umherirrender, ein Heimatloser. Lass mich nach Hause, betete er zu Gott. Doch wo sein Zuhause war, das wusste er nicht.

In den Zeitungen erschienen Nachrichten über die ersten Erfolge seiner Konkurrenten: Die bayerische Regierung hatte den Bau von Nadeltelegrafen nach dem Muster von Steinheil bewilligt, Wheatstone und Cooke arbeiteten am Ausbau von Linien in England.

Indes machte die Regierung in Paris keinerlei Anstalten, eine Entscheidung über Finleys Telegrafen und sein Patentansuchen zu treffen. Smith bemühte sich, in Frankreich private Investoren für den Morse-Telegrafen zu finden. Nolens volens übte sich Finley in Geduld, obwohl die Ungeduld in seinem Magen kribbelte. Schließlich stellte ihm Smith tatsächlich einen potenziellen Geldgeber vor: Mit dem Direktor der Saint-Germain Railroad Company verhandelte er über die Möglichkeit, auf der Eisenbahnstrecke Paris – Saint-Germain eine Telegrafenlinie zu verlegen. So könnte man auf einer Länge von rund zehn Kilometern den Telegrafen testen. Bahnhöfe waren ein idealer Standort für die Telegrafen, und die meisten Telegrafenleitungen verliefen entlang von Eisenbahngleisen. Der Bahndirektor war willig, in den Morse-Telegrafen zu investieren, aber die französische Regierung stellte sich dagegen. Der Telegraf müsse ein Monopol der Regierung bleiben, private Geldgeber sollten nicht zugelassen werden. Smith war enttäuscht. Finley wusste nicht recht, was er von der Sache halten sollte. Die Position der Regierung war im Grunde in seinem Sinne, doch all seine Versuche, die Regierung von seinem Telegrafen zu überzeugen, verliefen im Sand. Wenn er im Innenministerium vorsprach, wurde er von irgendeinem Sekretär stets auf einen späteren Zeitpunkt vertröstet. Nicht nur, dass man ihn hinhielt, nun blockierte man auch noch private Investoren. Wie sollte er also weiterkommen?

So führte der Aufenthalt in Frankreich für Finley zwar zu einem persönlichen Triumph in der Welt der Wissenschaft, konkrete Zusagen jedoch blieben aus. Finley hatte praktisch nichts erreicht. Die Reise endete für Smith und ihn in einem finanziellen Desaster.

Finleys älteste Tochter Susan war mittlerweile achtzehn Jahre alt, und ihr Vater konnte noch immer nicht für sie sorgen. Susans großer Wunsch war es nach wie vor, mit Finley in einem Haus zu wohnen. Sie war es leid, bei ihrem Onkel zu leben oder bei ihrer Tante in New Haven. Nirgendwo fühlte sie sich richtig zu Hause. Und Finley machte ihr nach wie vor keinerlei Hoffnungen.

»Möge Gott auf Dich aufpassen«, schrieb er ihr. »Denn all meine bisherigen Bemühungen, Dir ein Heim zu errichten und in Deiner Nähe zu sein, haben nicht gefruchtet« (10. Oktober 1838, II, S. 67).

Jeden ihrer Briefe an Finley beendete Susan mit dem Satz:»Wie sehr ich mich danach sehne, dass Du zurückkommst, mein geliebter Vater!«

Finley machten diese Briefe traurig. Er konnte Susans Sehnsucht nicht stillen. Die beiden Jungen Charles und Fin wollte er in Vermont zur Schule schicken, weit weg von der Schwester, die so sehr wünschte, dass alle beisammen wären. Seine Kinder befanden sich auf einer rastlosen Wanderschaft, und Finley wusste, dass er ihnen kein guter Vater war.

Um in Paris Geld zu sparen, zog er von der Rue de Rivoli in die Rue Neuve des Mathurins und teilte dort die Wohnung mit dem protestantischen Pastor Edward Kirk aus Boston. Kirk machte Finley mit Louis Jacques Mandé Daguerre bekannt, von dem er schon viel gehört hatte. Seine »Bilder« zählten zu den interessantesten Neuerungen der Zeit.

In seinem Ausstellungsraum, dem »Diorama«, wo die Besucher auf einem drehbaren Fußboden an den Bildern vorbeigeführt wurden, bestaunte Finley die »Daguerreotypien«. Daguerre persönlich zeigte seinem Gast aus Amerika die geheimnisvollen Kupferplatten und erläuterte das chemische Verfahren. Finley war zutiefst beeindruckt. Obwohl die größte Platte, die Daguerre verwendete, nur siebzehn mal zwölf Zentimeter maß, war jedes kleinste Detail darauf sichtbar. Durch ein Vergrößerungsglas konnte man sogar den Aufbau eines Spinnenkopfs erkennen. Diese Präzision! Kein gemaltes Bild würde da jemals herankommen.

Finley wollte das Verfahren Daguerres erlernen. Vor vielen Jahren hatte er in New Haven stümperhafte Versuche mit der Camera obscura unternommen. Er war nicht weit gekommen, aber es gab einen Anknüpfungspunkt für sein neu erwachtes Interesse.

Während des Gegenbesuchs, den Daguerre Finley abstattete, kam es zu einer kleinen Katastrophe. Während sich Daguerre von Finley den Telegrafen zeigen und erklären ließ, brach in seinem Haus ein Feuer aus. Nachbarn hatten die Gefahr schnell erkannt und brachten den Daguerreotypen in Sicherheit, doch das Haus und ein Großteil der Unterlagen zu seiner Erfindung waren zerstört. Finley fühlte sich für das Unglück mitverantwortlich und versprach Daguerre, sich in Amerika für ihn und seine Erfindung einzusetzen. Es war der Beginn einer langen Freundschaft.

In diesen Tagen sprach man in Paris von zwei großen neuen Wundern, die die Welt verändern würden. Sie waren mit den Namen Daguerre und Morse verknüpft.

Kurz vor seiner Rückkehr nach Amerika schrieb Finley an seine beiden Brüder: »Ihr habt vielleicht von der Daguerreotypie gehört, so genannt von ihrem Erfinder, M. Daguerre. Es ist eine der schönsten Entdeckungen des Jahrhunderts. Ich weiß nicht, ob Ihr Euch an meine Experimente in New Haven erinnert, vor vielen Jahren, als ich mein Atelier neben dem von Professor Silliman hatte. – Ich versuchte herauszufinden, ob es möglich sei, Bilder in der Camera obscura festzuhalten. Es gelang mir, verschiedene Grade von Schatten auf Papier zu bannen, indem ich das Papier in eine Nitratlösung legte (…). M. Daguerre hat diese Idee auf die feine Art realisiert« (9. März 1839, II, S. 82).

Es folgte eine ausführliche Beschreibung des Verfahrens der Daguerreotypie. Finleys Bruder Sidney veröffentlichte im *Observer* den Brief und den Bericht. Es war der erste Bericht über Daguerres Verfahren in Amerika, und er wurde von fast allen Zeitungen des Landes übernommen.

Am 23. März 1839 trat Finley auf einem der neuen Dampfschiffe, der *Great Western,* seine Rückreise in die Vereinigten Staaten an. Trotz stürmischen Wetters legte das Schiff bereits nach drei Wochen Fahrt wohlbehalten im Hafen von New York an.

Die Brüder erwarteten ihn. Was brachte er mit von seiner Reise? Viel Lob, kein Geld und eine neue Leidenschaft – die Daguerreotypie.

Statt der angekündigten drei Monate war Finley elf Monate

weg gewesen. In New York fand er chaotische Verhältnisse vor. An der Universität waren sieben Professoren entlassen worden, und die Anzahl der Studenten hatte man von über hundert auf vierzig reduziert. Im Kongress war sein Gesuch um eine Finanzierung einer Langstrecke für die telegrafische Kommunikation nicht weitergekommen. Seit seiner Abreise hatte sich praktisch nichts getan. Charles Jackson attackierte ihn erneut und verlangte eine Beteiligung am Telegrafen. Sein Partner Leonard D. Gale hielt sich in New Orleans auf. Er und Alfred Vail schienen das Interesse am Telegrafen verloren zu haben. Aus England gab es keine Neuigkeiten. Auch der russische Zar, an den Finley gewisse Hoffnungen geknüpft hatte, wollte sich nun doch nicht für seinen Telegrafen entscheiden. Finley hatte keinen Groschen mehr in der Tasche. Francis O. J. Smith lud ihn nach Portland, Maine, ein, aber Finley besaß kein Geld für die Reise. Smith hatte so viel versprochen und nichts gehalten. Wo waren die privaten Investoren und die Patente der Regierungen, die er alle hatte auftreiben wollen? Finley konnte eine gewisse Verbitterung nicht länger leugnen. Vail hatte seine Zahlungen zur Herstellung von weiteren Telegrafenapparaten eingestellt, denn das Unternehmen seines Vaters litt unter der schweren Wirtschaftskrise, in der sich das Land seit zwei Jahren befand. Nichts bewegte sich. Eine dunkle Zukunft lag vor Finley, und die Gegenwart schien ihm nicht minder schwarz zu sein. Am meisten fürchtete er die Dämmerstunde. Jeden Abend, wenn die Dunkelheit hereinbrach, hatte er das Gefühl, sein Leben gehe zu Ende.

Obwohl er sich am liebsten gänzlich zurückziehen und niemanden sehen wollte, hielt Finley sein Versprechen und bemühte sich um eine Einladung für Daguerre nach Amerika und um seine Aufnahme als Ehrenmitglied in die National Academy of Design, deren Präsident Finley immer noch war.

Er besorgte sich das von Daguerre verfasste Handbuch und begann genau nach Anweisung Bilder zu erstellen. Seine erste Aufnahme war die unitarische Kirche gegenüber der New York University. Die Kamera platzierte er im Treppenhausfenster im dritten Stock der Universität und belichtete die Platte ungefähr fünfzehn Minuten lang.

Am meisten jedoch interessierte er sich als ehemaliger Porträtmaler für die Porträtfotografie. Bei Belichtungszeiten von fünfzehn Minuten allerdings waren Stillleben oder Landschaften dankbarere Motive. Daguerre selbst hatte Finley vor Porträtaufnahmen gewarnt, da Personen nicht so lange ruhig sitzen könnten. Erst als es durch verbesserte Kameraobjektive und lichtempfindlichere Beschichtungen der Kupferplatten möglich wurde, die Belichtungszeit bei günstiger Sonneneinstrahlung auf fünf Minuten zu reduzieren, gelangen Finley die ersten Porträtaufnahmen. Die Porträtierten mussten ihren Kopf in eine halbkreisförmige eiserne Nackenstütze legen und die Augen geschlossen halten. Für die mühsamen Sitzungen stellten sich Susan und ihre Freunde zur Verfügung. Samuel Finley B. Morse war der erste Amerikaner, der Porträtaufnahmen machte.

Gemeinsam mit dem Chemiker John William Draper richtete Finley auf dem Dach der New York University ein verglastes Studio ein. Zwei große Spiegel standen darin, um alles Licht auf die Porträtierten zu leiten. Diese wurden auch um eine kontrastreiche Bekleidung gebeten: dunkle Hosen oder Röcke und helle Oberteile. An sonnigen Tagen schossen die beiden Männer Porträts von New Yorkern. War der Himmel bewölkt, gaben sie Unterricht in Daguerreotypie.

Als sich 1840 in New Haven seine ehemalige Schulklasse nach dreißig Jahren wiedertraf, nahm Finley die Gelegenheit wahr, reiste hin und machte Gruppenfotos seiner Schulkollegen. Auf diese Weise wurde Finley der erste Fotograf in Amerika, der ein Gruppenfoto einer Schulklasse schoss. Viele amerikanische Zeitschriften bezeichneten ihn als den Vater der Fotografie in ihrem Land. Finley freute sich über die Anerkennung, doch war die Fotografie in ihren Anfängen eine brotlose Kunst, und Finleys Herz schlug immer noch für den T.

Seine Daguerreotypien sind – bis auf zwei – zerstört oder verloren.

Inzwischen machten die anderen auf dem Gebiet der telegrafischen Kommunikation Fortschritte. Finleys Konkurrenten in Europa hatten genügend finanzielle Mittel aufgetrieben, um ihre Telegrafen weiterzuentwickeln. Wheatstone wurde von einer privaten Gesellschaft unterstützt; in England gab es bereits hundertachtzig Meilen telegrafische Linien, die entweder schon in Betrieb waren oder kurz vor der Inbetriebnahme standen. Steinheil bekam Unterstützung vom bayerischen König und baute in Bayern eifrig seine Leitungen. Nur Finley erhielt keinerlei Unterstützung, weder in England noch in Frankreich, und vor allem nicht in Amerika.

In der immer noch schlechten Wirtschaftslage im Jahr 1840 wandten sich die Briten Wheatstone und Cooke an Finley und wollten sich auf dem amerikanischen Markt mit ihm zusammentun. Sie hatten die finanziellen Mittel aufgetrieben und die bürokratischen Wege gefunden, um sich ein amerikanisches Patent zu sichern. Finley wäre gar nicht abgeneigt gewesen, doch Francis O.J. Smith riet ihm eindringlich davon ab. Smith reiste sogar extra nach New York, um Finley von diesem Schritt abzuhalten. Aus einem inneren Instinkt heraus hörte Finley auf Smith, obwohl seine finanzielle wie auch seine seelische Lage durchaus für einen Zusammenschluss mit den Konkurrenten gesprochen hätte. Was hatte er schon zu verlieren? Er war allein, seine Partner hatten ihre Aktivitäten nahezu aufgegeben.

Seit der Entscheidung des Kongresses, ihn nicht in den Kreis der auserwählten Maler für die Rotunde aufzunehmen, hatte Finley keinen Pinsel mehr in die Hand genommen. Seine aktuelle Beschäftigung waren der gelegentliche Unterricht und die Porträtaufnahmen, mit denen er sich mehr schlecht als recht über Wasser hielt. Einer seiner Schüler, der Autor Port Crayon, schilderte den anderen Fotografieschülern folgenden Dialog:

»›Ich habe heute kein Geld bei mir, Professor Morse, um den Unterricht zu bezahlen. Ich bringe Ihnen das Geld nächste Woche mit.‹

›Nächste Woche?‹, wiederholte Morse traurig. ›Nächste Woche bin ich tot.‹

›Tot, Sir?‹

›Ja, verhungert.‹

›Würden Ihnen zehn Dollar helfen?‹

›Zehn Dollar würden mein Leben retten.‹

Wir gingen gemeinsam essen und als wir das Mahl beendet hatten, sagte er: ›Das ist mein erstes Essen seit vierundzwanzig Stunden. Ein Hund lebt besser.‹«

Unter seinen Bekannten bekam Finley mehr und mehr den Ruf eines Verrückten, der seine Energien vergeudete und seine Zeit einer absurden Erfindung widmete. Dabei war er doch Präsident der National Academy!

Finley hätte sich gern Rat von Washington Allston oder anderen entfernt lebenden Freunden geholt, doch die Korrespondenz mit ihnen ruhte im Moment, denn ihm fehlte sogar das Geld für Briefmarken. So weit war es gekommen. Finley war am Boden zerstört, voller Zweifel und Ängste.

Fünfzig Jahre war er nun alt, ein halbes Jahrhundert, und er fühlte sich wie ausgelöscht. Seine Kräfte nahmen ab, seine Augen begannen nachzulassen. Ihm fehlte die Energie, selbst die in der Stadt lebenden Freunde zu besuchen. Er war allein, fühlte sich bedroht. In diesem Tief besann er sich auf seine protestantische Religion und seine nationalistischen Grundwerte und richtete die letzten Energien, die ihm noch verblieben waren, auf diejenigen, von denen er sich besonders bedroht fühlte: die Katholiken. Der katholische Einfluss, den die rund siebzigtausend deutschen und irischen Katholiken in New York ausübten, war ihm nach wie vor der größte Dorn im Auge. Katholische Schulen warben um Unterstützung, was ihn störte. Denn als überzeugter Protestant sah er darin einen Angriff auf die amerikanische Freiheit. Von der Native American Democratic Association, der Partei, die den Katholizismus entschieden bekämpfte, ließ er sich 1841 als Kandidat für das Bürgermeisteramt in New York aufstellen. Doch in der Partei gab es ein Hin und Her darüber, wie geeignet er wirklich für das Amt wäre. Dann kamen Gerüchte in Umlauf, dass Finley seine Kandidatur zurückgezogen hätte. Am Tag der Wahl erzielte Samuel Finley B. Morse ein jämmerliches, nicht weiter erwähnenswertes Ergebnis. Auch sein zweiter Ausflug in die Politik endete mit einer persönlichen Niederlage.

Die Situation seiner Kinder war nach wie vor prekär. Susan hatte noch immer kein richtiges Zuhause, sie wurde unter Verwandten und Freunden herumgereicht; mal wohnte sie bei ihrer Tante in New Hampshire, dann bei Freunden in New Haven, dann bei anderen Freunden in New York. Käme ihr Vater sie doch öfter besuchen! Finley wusste, dass dies Susans größter Wunsch war, und nach wie vor konnte er ihm einfach nicht nachkommen.

Finleys Bruder Sidney heiratete im Alter von siebenundvierzig Jahren, und seine Frau und er nahmen Susan auf eine Reise nach Puerto Rico mit, wo sie den Winter verbringen wollten. In Puerto Rico verliebte sich die zweiundzwanzigjährige Susan in den jungen, schönen Edward Lind. Im Sommer 1842 heiratete sie ihn in New Haven. Finley fand es interessant, einen westindischen Schwiegersohn zu haben, noch dazu einen, der aus einer guten Kaufmannsfamilie kam. Und er war kein Katholik!

Charles begann in Yale zu studieren und hätte finanzielle Unterstützung bitter nötig gehabt, die ihm der Vater nicht bieten konnte. Der Problemsohn Fin war bei Verwandten aus dem Breese-Familienzweig untergekommen, die sich liebevoll um ihn kümmerten. Vielleicht war er der Glücklichste, er hatte als einziges der Kinder ein bleibendes Zuhause gefunden.

Finleys Konkurrenten gelangen inzwischen bedeutende Vorstöße in der Telegrafie. Der Nadeltelegraf von Wheatstone und Cooke war über dreizehn Meilen an einer englischen Eisenbahnlinie entlang erfolgreich eingesetzt worden. Die englischen Telegrafierer versuchten mit allen Mitteln, auch in Amerika Fuß zu fassen. In Washington wurde, wie es hieß, das französische Semaphorensystem von Gonon und Servall favorisiert. Für Finley stellte das eine große Bedrohung dar. Es musste etwas geschehen. Nach seinem ersten Antrag hatte Finley den Kongress Jahr für Jahr ersucht, ihm Mittel für seinen Telegrafen zur Verfügung zu stellen und das System zu verstaatlichen. Er bekam einfach keine Antwort. Warum reagierte man in Washington nicht?

Zu Beginn des Jahres 1842 unternahm Finley einen letzten Versuch, seinen Telegrafen durchzusetzen. Er stellte einen Antrag für eine staatliche Telegrafenlinie und schrieb an mehrere Kongressmitglieder mit der Bitte, seinen Antrag zu unterstützen. Gleichzeitig wandte sich Joseph Henry mit einem Empfehlungsschreiben an den Kongress. Die Zeit sei reif für den Telegrafen, und das System von Morse sei den Telegrafen von Wheatstone, Gonon und Steinheil vorzuziehen. Um seinem Ansuchen öffentlichen Nachdruck zu verleihen, organisierte Finley erneut Vorführungen seines Telegrafen. Er hatte an seinem geliebten T – der von der Welt so ungeliebt war – einige Verbesserungen vorgenommen, vor allem an der Batterie und am Kabel.

Einen ganzen Tag, den 2. September 1842, lang führte Finley der Bevölkerung von New York seinen Telegrafen und sein Morsealphabet vor. Im *Herald* stand, dass das Morse-System die größte Erfindung des Jahrhunderts sei. Nur fehle nach wie vor das Engagement der Politik.

An der New York University lernte Finley den achtundzwanzigjährigen Samuel Colt kennen, der gerade das Patent zur breiten Vermarktung des Revolvers bekommen hatte. Colt unternahm vom Navy Department gesponserte Versuche mit Schießpulver unter Wasser. Dabei stellte sich ihm ein Problem, das auch Finley brennend interessierte: Wie kann man Elektrizität unter Wasser leiten? Denn sollte der Telegraf jemals Nachrichten von einem Kontinent zum anderen übermitteln, war das die große Frage, die gelöst werden musste. Auch auf dem amerikanischen Festland würde es Strecken geben, wo die Telegrafenleitung durch Flüsse gelegt werden müsste. Colt war der richtige Partner für ihn.

Finley und Samuel Colt kündigten für Ende Oktober eine zweitägige Vorführung im Hafen von New York an. Samuel Colt legte ein Unterwasserkabel zu einem Schiff namens *Volta* und sprengte es vor einer riesigen Menschenmenge in die Luft.

»Bang! Bang! Bang! Eine Eruption! 1756901 Teile«, schrieb der *Herald*.

Wer das wohl nachgezählt hatte?, fragte sich Finley. Aber die Marine war zufrieden. Düstere Aussichten für Feindesschiffe! Nun war Finley mit seiner Vorführung an der Reihe. Die Menschenmenge scharte sich um den Telegrafen und sah Finley auf die Finger, wie er eine Nachricht in seinem Morsealphabet verfasste.

»Unser Nachrichtensystem steht vor einer Revolution!«, hatte ebenfalls der *Herald* angekündigt.

Über eine Meile hatte Finley das sorgfältig isolierte Kabel im Wasser verlegt. Die Spannung war groß. Doch die Schaulustigen warteten umsonst, die Nachricht kam nicht an. Was war los? Finley blickte aufs Meer und sah mit Schrecken, dass entlang des Kabels sieben Boote vor Anker lagen. Er ahnte sofort, was passiert war. Ein Anker hatte das Kabel zerrissen. Welche Demütigung für Finley! Die vielen Leute gingen enttäuscht nach Hause.

Nächtelang fand Finley keinen Schlaf. Ein kleines Quäntchen Glück, auch für ihn, einmal im Leben, war das denn zu viel verlangt?

Nach all den Misserfolgen und Jahren der Enttäuschung schien das Unternehmen T mit der misslungenen Demonstration endgültig zum Stillstand gekommen zu sein. Finleys Partner hatten sich zurückgezogen. Leonard D. Gale war nach New Orleans gegangen, Alfred Vail hatte geheiratet und war Vater geworden. Er lebte in Philadelphia. Und Francis O. J. Smith war nach Maine zurückgekehrt. Finley hatte seine Partner aus den Augen verloren. Und keiner von ihnen wollte mehr Geld in den Telegrafen investieren. Am Tiefpunkt des Unternehmens T erhielt Finley einen Brief, in dem man ihm mitteilte, ein gewisser C. G. Ferris, Mitglied des Kongresses und Vorsitzender des Handelskomitees der Stadt New York, wünsche ihn in Washington zu treffen und mit ihm über den Telegrafen zu sprechen. Er wolle im Kongress in Washington seinen Antrag unterstützen und sich für die staatliche Förderung des Morse-Telegrafen einsetzen. Finley war nach den Niederlagen und Enttäuschungen so zermürbt, dass er den Funken Hoffnung, der in diesem Brief aufflackerte, kaum registrierte. Ein ganzes Jahrzehnt war vergangen, seit er auf der *Sully* die ersten Notizen über den Telegrafen gemacht hatte. Sollte er noch ein letztes Mal an einen Erfolg glauben, nur um erneut auf die Nase zu fallen? Ohne große Hoffnung und fast wie in Trance kratzte er seine letzten Münzen zusammen, um zu Beginn des Jahres 1843 die Reise nach Washington anzutreten und den Herrn zu treffen, der sich freundlicherweise für seinen geliebten T einsetzen wollte.

»Wenn die Sache schiefgeht, werde ich mit einem einzigen Dollar in der Tasche nach New York zurückkehren« (II, S. 126).

Für Finley begann der letzte Kampf.

Wieder vergingen Wochen des Wartens. Tag für Tag begab sich Finley in den Senatsraum, in dem die verschiedensten Anträge verlesen wurden, und Abend für Abend kehrte er mutloser in sein bescheidenes Hotelzimmer zurück. Sein Telegraf kam und kam nicht zur Sprache. Am letzten Tag, dem 3. März 1843, dauerte die Sitzung im Senat bis spätnachts. Der Präsident war vom Weißen Haus auf dem Weg zum Kapitol, um die letzten vom Senat bewil ligten Anträge zu unterschreiben. Finleys Freunde im Senat, Senator Huntington aus Connecticut und Senator Wright aus New York, versicherten ihm, die Anhörung sei mehr oder weniger zu Ende, er könne nach Hause gehen. Zutiefst niedergeschlagen begab sich Finley auf sein Zimmer. Seine Erfindung war gestorben. Und auch er selbst fühlte sich den Toten näher als den Lebenden. Die einzige Regung, die er verspürte, war maßlose Verbitterung. Undankbare Welt.

Am nächsten Morgen wollte er nach dem Frühstück abreisen und fortan nie mehr einen Fuß nach Washington setzen. Mit leerem Blick saß er am Frühstückstisch, als er plötzlich in die Halle gerufen wurde. Eine junge Frau wünschte ihn zu sprechen. Es war Annie, die Tochter seines Schulfreundes Henry L. Ellsworth.

»Ich bin gekommen, um Ihnen zu gratulieren.«

»Ich wüsste nicht, wozu.«

»Zur Bewilligung Ihres Antrags.«

»Aber nein, meine junge Dame, Sie täuschen sich. Ich war bis spätabends dort, und meine Freunde versicherten mir, dass alles gelaufen sei.«

»Nein, Sie täuschen sich! Mein Vater war noch nach Mitternacht dabei, und er hat mit eigenen Augen gesehen, wie der Präsident seine Unterschrift unter Ihren Antrag setzte. Ich habe meinen Vater gefragt, ob ich Ihnen diese Nachricht überbringen dürfe, und er hat mir die Erlaubnis erteilt. Bin ich die Erste?«

»Ja, Annie, Sie sind die Erste. Und hier und jetzt gebe ich Ihnen ein Versprechen: Die erste Nachricht, die auf der Washington-Baltimore-Linie gesendet wird, wird für Sie sein!« (II, S. 128).

Finley fühlte, dass dies der feierlichste und größte Moment in der Geschichte seines Telegrafen war. Alle spätere öffentliche Anerkennung und jubelnde Zustimmung würden nicht an diesen Augenblick herankommen. Erhobenen Hauptes kehrte er in den Frühstücksraum zurück. Wenige Minuten hatten sein Leben verändert. Am selben Tag noch schrieb er an Vail und verkündete ihm die gute Nachricht. Dreißigtausend Dollar waren ihm für den Bau einer eigenen Telegrafenlinie bewilligt worden. Von allen Seiten trafen nun Glückwünsche ein. Sein Freund und Lehrmeister Washington Allston gratulierte ihm, auch im Namen vieler gemeinsamer Freunde, die ihm alle das Beste wünschten.

Die erste Probestrecke für den Telegrafen wollte Finley zwischen Washington und Baltimore errichten, entlang der Eisenbahnlinie Baltimore & Ohio Railroad. Das elektrische Kabel sollte unter der Erde in Bleirohren verlaufen.

Alfred Vail reiste nach Erhalt des Briefes sofort an. Finley vereinbarte mit ihm, dass Vail gegen drei Dollar pro Tag die Verlegung des Kabels überwachen würde. Zwei bis drei Meilen pro Tag, rechnete Finley aus, könnte man schaffen. Das Kabel und die Bleirohre mussten jedoch erst hergestellt werden. Außerdem sollte Vail die Konstruktion neuer Telegrafen beaufsichtigen. Auch Leonard D. Gale kehrte aus New Orleans zurück. Die Partner waren wieder mit im Boot. Francis O. J. Smith übernahm die juristischen und kaufmännischen Angelegenheiten.

Am 9. Juli 1843 starb Washington Allston in Boston. Finley ließ sofort alle Vorbereitungen ruhen und reiste nach Boston, um seinem Freund die letzte Ehre zu erweisen. Wenigstens in den Anfängen noch hatte der Freund seinen Erfolg miterleben können. Aus Allstons Atelier nahm sich Finley ein Erinnerungsstück mit nach Hause, einen Pinsel, an dem noch die Farbe klebte, die Washington Allston für sein letztes, unvollendet gebliebenes Bild benutzt hatte. Auch wenn Finley kein Maler geworden war, wie viel hatte er doch Allston zu verdanken! Die Loslösung vom Elternhaus, das Kunststudium in London. Washington Allston hatte ihn stets in seinen Wünschen bestärkt und ihm die Zuversicht geschenkt, die man braucht, um seinen eigenen Weg zu gehen. Und eigene Wege war er gegangen. Das wenigstens konnte er von sich sagen. Der Weg, den er nun eingeschlagen hatte, lag wie eine unendliche Gerade vor ihm. Wohin würde er ihn noch führen?

In dem Dankesschreiben an C. G. Ferris, dem er die Anhörung im Kongress und die darauf erfolgte Bewilligung seiner Gesetzesvorlage zu verdanken hatte – und damit endlich die offizielle Anerkennung seiner Erfindung –, warf Finley auch einen Blick in die Zukunft: »Dieses Gesetz ist erst der Anfang. Eines Tages wird mit Sicherheit telegrafische Kommunikation auch über den Atlantik möglich sein!« (II, S. 134). Kaum hatte er eine Etappe erreicht, flogen seine Gedanken schon weiter, zu seinem nächsten, seinem allergrößten Traum: dem Atlantikkabel.

Doch erst einmal gab es Probleme bei der Teststrecke zu Land. Francis O. J. Smith hatte den jungen New Yorker Unternehmer James Serrell damit beauftragt, die benötigten Rohre herzustellen, in denen das Kabel verlaufen sollte. Doch Serrell lieferte anstatt der verabredeten vierundvierzig Meilen nur zehn Meilen Rohr. Verärgert bat Finley Smith, eine andere Manufaktur zu beauftragen. Benjamin Tatham & Company sollten die restlichen Rohre liefern. Für die Verlegung engagierte Smith den Bruder seiner Frau, Levi S. Bartlett. Diese Verquickung gefiel Finley nicht, und er bestand darauf, dass noch jemand hinzugezogen wurde: Ezra Cornell. Er war ein Außenseiter, mit niemandem verwandt, hatte schon alle möglichen Arbeiten verrichtet, vom Tischler bis zum Schafhirten, um seine Frau und seine neun Kinder zu ernähren. Für Ezra Cornell – den späteren Gründer der Cornell University in Ithaca, New York – war das Telegrafenunternehmen die Rettung. Er entwarf eine Maschine, die das Verlegen der Rohre erleichterte und ihm viel Ruhm und Geld einbringen sollte – eine Art Pflug, von acht Ochsen gezogen. Finley inspizierte das Gefährt, befand es für gut, und so wurde es zum Einsatz bestimmt. Wenn die Teststrecke funktionierte, könnte man damit ganz Amerika erobern! Ezra Cornell begann in Baltimore damit, die zehn Meilen Rohr, die Serrell geliefert hatte, zu verlegen. Sein »Wunderpflug« arbeitete so schnell, dass die Bleigießer, die die einzelnen Rohre aneinanderlöteten, Mühe hatten, nachzukommen. Während die Verlegung gut voranging, machte das Kabel Schwierigkeiten. Ezra Cornell entdeckte, dass der Draht nicht richtig isoliert war, und machte Finley sogleich darauf aufmerksam. Das Problem erwies sich als gravierend, und Vail, der dafür eigentlich verantwortlich war, hatte die Sache nicht im Griff. Eine schwierige Situation, aus der es schnell einen Ausweg zu finden galt. Finley versuchte, um jeden Preis zu vermeiden, dass die Probleme bei der Kabelverlegung an die Öffentlichkeit gelangten.

Das Geld, das die Regierung zur Verfügung gestellt hatte, wurde indes langsam knapp. Finley befahl, die Arbeiten einzustellen; er wollte die Lage in Ruhe überdenken. Die neuen Rohre von Benjamin Tatham & Company wurden zwar termingerecht geliefert, doch wenn es nicht gelang, die Leitung dauerhaft zu isolieren, drohte das ganze Unternehmen zu scheitern.

Zudem stellte sich heraus, dass Smith alles andere als ein verlässlicher Kompagnon war. Denn Finley kam zu Ohren, dass Smith einen Brief an den Finanzminister geschrieben hatte, in dem er die Schwierigkeiten bei der Kabelverlegung anprangerte, die schlechte Isolierung bemängelte und Finley anschwärzte. So schnell wird man vom Freund zum Feind, dachte Finley. So etwas war nicht wiedergutzumachen. Das Vertrauen war verloren. Doch Finley sprach Smith zunächst nicht auf die Sache an, sondern bemühte sich in Regierungskreisen um Schadensbegrenzung. Da war es nur ein weiterer Schlag für ihn, dass Gale sich von der Kabelverlegung zurückzog und abreiste, da er seinen schwer erkrankten Schwiegervater in der Fabrik in New York vertreten musste.

Den Winter über blieben Finley, Alfred Vail und Ezra Cornell zu dritt in Washington. Doch sie konnten nicht viel erreichen. Wieder ging ein Jahr zu Ende, und Finley hatte nichts als Sorgen im Kopf. Würde man die schlecht isolierten Drähte reparieren und noch verlegen können? Und würde das Geld reichen, um das Unternehmen zu Ende zu bringen?

»Oh, wie diese Schwierigkeiten all meine Gedanken an die Kinder, Brüder und Verwandten überlagern. Nur in den schlaflosen Nachtstunden kommen sie wieder, dann denke ich an Euch alle und bin betrübt, dass ich Euch nichts Fröhliches berichten kann« (Brief an den Bruder Sidney, 30. Dezember 1843, II, S. 137).

Seine Tochter Susan hatte ihn inzwischen zum Großvater gemacht. Sein erster Enkel wurde Charles getauft, wie einer seiner Söhne.

Der Winter zog sich hin. Bis zum Frühjahr waren die Erdarbeiten eingestellt. Doch sobald es die Wetterlage zuließ, bestellte Ezra Cornell eine Truppe von fünfundzwanzig Arbeitern ein, die – diesmal von Washington aus – damit begannen, Erde auszuheben, um die Rohre zu verlegen. Ende März hatte der Trupp sieben Meilen geschafft. Sie arbeiteten auch bei Regen und Sturm, täglich von sechs Uhr morgens bis sechs Uhr abends. Die Männer schliefen in den Waggons, die auf der Eisenbahnlinie standen. Unter Vails und Cornells Aufsicht wurde der fehlerhafte Draht aus den Rohren gezogen, neu umwickelt und aufgerollt.

Finley überprüfte täglich die Leitung, indem er zu Vail oder Cornell am anderen Ende der Baustelle telegrafierte und auf Antwort wartete. Bei dieser Gelegenheit wurden erneut kleine Verbesserungen am Morsealphabet vorgenommen. Wenn möglich, sollte der Artikel weggelassen werden.

Finley schwankte zwischen Zuversicht und Skepsis. Die Arbeiten gingen gut voran. Rohre und Kabel wurden termingerecht geliefert, die Verlegungsarbeiten und Tests verliefen erfolgreich, doch Finley hatte mittlerweile gelernt, dass kleine Erfolgsschritte nicht viel bedeuteten.

Und tatsächlich, die nächste Unbill ließ nicht lange auf sich warten. Es stellte sich heraus, dass die Rohre für die Verlegung der gesamten Leitung unter der Erde nicht ausreichten. Die Kosten drohten zu explodieren. Da entdeckte Vail in einer englischen Zeitschrift eine Notiz darüber, dass auch Wheatstone und Cooke in England mit ihren Untergrundleitungen Probleme gehabt hatten und daher die Leitungen über Telegrafenmasten laufen ließen. Das war die Lösung. Und es sollte gar nicht so teuer sein, wie Finley immer gedacht hatte.

Sofort ließen die Männer Löcher für die Masten graben und das Kabel mit gummiimprägnierter Baumwolle umwickeln, damit es gegen die Witterung geschützt war. Im April 1844 wurden die ersten Masten für den elektromagnetischen Telegrafen entlang der Eisenbahnlinie Baltimore & Ohio Railroad errichtet. Die sieben Meter hohen Holzmasten aus Kastanienstämmen, die in einer endlosen Reihe in den Himmel ragten, bildeten eine einzigartige Silhouette, die den Bewohnern zwischen Washington und Baltimore schnell zu einem vertrauten Bild wurde.

Am 24. Mai 1844 war es so weit. Die Washington-Baltimore-Linie wurde eröffnet. Alfred Vail hatte einen Telegrafen in Baltimore installiert, um den sich eine riesige Menschenmenge scharte. Ob dieses Gerät funktionieren würde?

Finley hatte sich mit seinem Apparat in Washington im Kapitol im Saal des Obersten Gerichtshofes eingerichtet. Eine kleine Gesellschaft aus geladenen Gästen scharte sich um ihn. Finley war ganz ruhig. Schließlich kannte er seinen T und wusste, dass Verlass auf ihn war. Wie versprochen, durfte Annie Ellsworth, die ihm die gute Nachricht überbracht hatte, dass sein Antrag angenommen worden war, entscheiden, wie der erste in seinem Alphabet telegrafierte Text lauten sollte.

Annie bat ihre Mutter um Rat und wählte einen Spruch des Propheten Bileam (4. Mose 23,23): »What hath God wrought!« (Welche Wunder Gott tut!)

Finley tippte mit äußerster Ruhe und Konzentration die einzelnen Buchstaben im Morsealphabet in seinen Telegrafen und sandte den Spruch zu Alfred Vail nach Baltimore. Vail empfing die Nachricht ohne einen einzigen Fehler und schickte sie ebenso fehlerlos sofort wieder zurück. In Washington und in Baltimore

Apparat in Gebrauch auf der Washington-Baltimore-Linie

brach Jubel los. Der Morse-Telegraf war nicht länger Vision, er war Wirklichkeit geworden.

In den folgenden Tagen ging der biblische Text noch viele Male zwischen Washington und Baltimore hin und her. Immer mehr Leute strömten herbei und wollten das Telegrafenwunder sehen. Hunderte drängten sich um den Telegrafen, doch nicht mehr als zwölf oder fünfzehn Leute konnten wirklich etwas sehen, sodass Finley und Alfred Vail beschlossen, die Vorführungen hinter verschlossenen Türen abzuhalten und die neugierigen Bewunderer nur in kleinen Grüppchen einzulassen.

Finley nahm die begeisterten Glückwünsche, die ihn nun von allen Seiten erreichten, mit einer Bescheidenheit entgegen, die wohl dem langen, harten Weg geschuldet war, der zu diesem Erfolg geführt hatte. An seinen Bruder Sidney schrieb er: »Du wirst in den Zeitungen lesen, welch großer Erfolg der ersten Leistung des Telegrafen beschieden war. Der Satz von Annie Ellsworth war wunderbar gewählt, er ist Tag und Nacht in meinen Gedanken. ›What hath God wrought!‹ Es ist Sein Werk, Er allein hat mich so weit getragen, auf all meinen Wegen. Und Er befähigt mich zum Triumph über die Hindernisse, die physischen und moralischen, die sich mir entgegenstellen« (II, S. 144).

Im Juni wurde die Telegrafenlinie zur allgemeinen Nutzung freigegeben. Ein Postangestellter in Washington erhielt die erste telegrafische Nachricht aus Baltimore: »Mutter und Sohn sind wohlauf.« Er war Großvater geworden!

Samuel Colt veranstaltete zu Ehren des Morse-Telegrafen, der nun der Öffentlichkeit zugänglich war, eine seiner berüchtigten Unterwasser-Schießpulverexplosionen in Baltimore.

Der Telegraf war das Thema Nummer eins in den amerikanischen Zeitungen und Zeitschriften. Viele von ihnen druckten das Morsealphabet komplett ab. Die »elektrische Linie«, die die Schranke zwischen den Völkern aufheben konnte, war in aller Munde, das »Wunder des Jahrhunderts«, die »größte Erfindung der modernen Zeit«. Der Telegraf werde den Handel verändern, das Pressewesen, das Militär. Eine Nachricht könne innerhalb weniger Minuten durch das ganze Land und in andere Länder geschickt werden: »Eine Sensation! Ein Meilenstein in der Nachrichtenvermittlung!«, schrieb der *Herald*.

Finleys Leben veränderte sich. Wo er hinkam, wurden ihm Ehrbezeugungen zuteil. Im Alter von dreiundfünfzig Jahren war Samuel Finley B. Morse berühmt geworden. Selbst wenn er gewollt hätte, er hätte es nicht geschafft, allen Einladungen nachzukommen und die Auszeichnungen, die wie ein unerwarteter Goldregen nun auf ihn niederprasselten, persönlich entgegenzunehmen. Mit der Eröffnung der Washington-Baltimore-Linie war Finley zu einem nationalen Helden geworden. Der Name Morse wurde in Amerika nicht mehr länger mit den geografischen Werken seines Vaters verbunden, sondern mit dem Telegrafen und dem Alphabet.

Finley hatte allen Grund, zu hoffen, dass die Regierung sich schnell sämtliche Rechte am Telegrafensystem sichern würde. Doch wieder einmal zögerte der Staat, während von privaten Investoren zahlreiche Angebote kamen. Für das unentschlossene Verhalten seitens der Regierung machte Finley Francis O.J. Smith verantwortlich, der nach wie vor Zweifel streute, wo er konnte.

Andererseits lobte Smith in seinem ersten Wörterbuch des Morsealphabets, *The Secret Corresponding Vocabulary, adapted for Use to Morse's Electro-Magnetic Telegraph* (Das geheime Korrespondenzvokabular, angepasst dem Gebrauch für Morses elektromagnetischen Telegrafen), Finley als einen der größten Erfinder des Jahrhunderts.

Die Vorteile des elektrischen Morse-Telegrafen gegenüber den Nadeltelegrafen von Steinheil, Wheatstone und Cooke sprachen sich auch in Europa herum. Seine Popularität wuchs. Finley traf sich mit Vertretern der spanischen und belgischen Regierung, Russlands und auch Frankreichs. Er eilte von einem Treffen zum nächsten und wurde überall ehrenvoll empfangen.

Für die Verhandlungen mit den amerikanischen und europäischen Regierungen beauftragte er seine Mitarbeiter Cornell und Smith, ihm zwei voneinander unabhängige verbindliche Kostenvoranschläge für den Bau einer Telegrafenlinie zu erstellen. Die Kalkulation von Smith fiel deutlich höher aus als die von Cornell. Wie konnte es sein, dass eine Meile Telegrafenlinie beim einen so viel teurer war als beim anderen? Finley bat um Erklärungen, die er nicht bekam, ein weiterer Anlass des Streits und der Missstimmung zwischen Smith und ihm.

In dieser Zeit öffentlicher Anerkennung wurde Finley seine Einsamkeit schmerzlich bewusst. Seine Kinder sah er nach wie vor kaum, seinen Enkel Charles hatte er ein einziges Mal kurz gesehen.

»Ich sehne mich nach der Zeit, wenn ich das sagen darf, in der Du mit Deinem Mann und dem kleinen Charles wieder bei mir bist. Ich fühle meine Einsamkeit immer heftiger. Ruhm und Geld sind ein armseliger Ersatz für häusliches Glück. Gestern war der traurige Todestag (der zwanzigste) Deiner Mutter, und ich dachte den ganzen Tag an sie …« (Brief an die Tochter Susan, 8. Februar 1846, II, S. 157).

Finleys Sohn Charles bat seinen Vater, das Studium in Yale aufgeben zu dürfen. Er hatte keine Lust mehr zu studieren und wollte Farmer werden. Was sollte Finley entscheiden? Wie konnte er überhaupt etwas für seine Kinder entscheiden, die er so wenig kannte? Er schrieb seinem Sohn, es breche ihm fast das Herz, aber Charles solle tun, wonach ihm der Sinn stehe, er wünsche ihm viel Glück als Farmer.

Die vielen Schreiben, die er von privaten Interessenten erhielt, überforderten Finley. Er war unsicher, kannte sich zu wenig aus. In Smith hatte er kein Vertrauen mehr, und Vail und Gale waren eher daran interessiert, geschäftliche Verantwortung abzugeben, als weitere zu übernehmen. Da kam Finley ein Angebot gerade recht, das ihm der frühere Generalpostmeister und Jurist Amos Kendall machte: Er wurde bei Finley vorstellig, um als geschäftlicher Berater für ihn zu arbeiten. Der äußeren Erscheinung nach zu urteilen, wirkte Kendall nicht sehr vertrauenerweckend. Er hatte riesige Augen, eingefallene Wangen, und sein schlohweißes Haar ließ ihn älter wirken, als er war. Außerdem litt er an einem asthmatischen Husten und trug auch im Sommer stets einen dicken Mantel. Doch ihm eilte der Ruf eines unbestechlichen und transparent agierenden Juristen voraus. Seine Frau war, wie Finleys Frau, früh gestorben und hatte ihm vier Kinder hinterlassen. Im Gegensatz zu Finley hatte Kendall jedoch bald wieder geheiratet – im Alter von siebenunddreißig ein sechzehnjähriges Mädchen. In seinen Jugendjahren hatte Kendall die Geografiebücher von Finleys Vater gelesen. Alles in allem war er ein Mann nach Finleys Geschmack, und er entschied sich dafür, Amos Kendall sein Vertrauen zu schenken.

Finley, Gale und Vail beauftragten Kendall, ab sofort in ihrem Interesse die Patentrechte am Morse-Telegrafen zu verhandeln.

Nur Smith, den Finley ja auch zu einem Viertel an den Rechten beteiligt hatte, wollte eigene Wege gehen, was noch für viele Probleme sorgen würde. Denn Kendall musste, obwohl er die Dreiviertelmehrheit vertrat, in jeder Frage Smiths Zustimmung einholen. Seine eigene Provision betrug am Anfang zehn Prozent, später wurde es mehr.

Finleys Entscheidung erwies sich schnell als richtig: Der Bundesstaat Maryland war der erste, den Kendall für eine Kooperation mit der von ihm für seine Klienten neu gegründeten Magnetic Telegraph Company gewinnen konnte. Die »Morseline« war die erste Telegrafengesellschaft der Nation. Von ihr sollte die Washington-Baltimore-Telegrafenlinie über Philadelphia bis nach New York weitergeführt werden.

Weitere Telegrafengesellschaften entstanden unter Kendalls Obhut: die Albany & Buffalo Telegraph Company, die eine Leitung von New York nach Albany bauen wollte, und die Atlantic, Lake & Mississippi Telegraph Company, für die der irische Immigrant und Selfmademan Henry O'Reilly arbeitete. O'Reilly war von einem ungebrochenen Elan und Optimismus beflügelt und plante eine Telegrafenlinie von New York über Quebec bis nach Halifax. Für diese über tausend Meilen lange Strecke wollte er das Geld auftreiben und versicherte Kendall, dass seine ehrgeizigen Pläne im Norden einem Ausbau im Westen in keiner Weise entgegenstünden. Kendall war einverstanden. O'Reillys Tatkraft beeindruckte ihn sehr. Doch auch für ihn bedeutete dieses Großunternehmen viel Arbeit. Allein über hundert Briefe mussten an Farmer geschrieben werden, durch deren Land die Telegrafenlinie führen sollte, eine Menge juristischer Fragen waren zu klären. Angebote wollten gemacht sein, Verträge. Das Land, auf dem die Telegrafenmasten errichtet werden sollten, musste Meile um Meile erworben werden.

Finley betrachtete Kendalls Tun mit Staunen. Er bewunderte sein Geschick bei der Bildung von Telegrafengesellschaften. Genau so jemand hatte ihm gefehlt! Die von Kendall für ihn erworbenen Patentrechte und Aktien machten Finley binnen Kurzem zu einem vermögenden Mann. Er hatte, wenn auch spät im Leben, den Kampf gegen die Armut gewonnen. Ein nie gekanntes Gefühl der Freiheit überkam ihn. Reiselust packte ihn. Sieben Jahre waren vergangen seit Finleys letzter Europareise, von der er so enttäuscht nach Amerika zurückgekehrt war. Damals war es ihm weder in England noch in Frankreich gelungen, die Herzen für seinen Telegrafen zu erwärmen. Doch nun würde ihn Europa mit offenen Armen empfangen. Schließlich war er inzwischen ein berühmter Mann. Er plante eine neue Europareise. Drei Monate wollte er wegbleiben, London, Hamburg, Paris, Stockholm, vielleicht sogar Petersburg besuchen.

In genau diese Zeit fiel die Publikation von Vails zweihundert Seiten dickem Werk *The American Electric Telegraph* (Der amerikanische elektrische Telegraf), an dem Vail über ein halbes Jahr lang gearbeitet hatte und das in dem angesehenen Verlag Lea & Blanchard in Philadelphia in Finleys Abwesenheit erscheinen würde. Finley konnte nicht mehr länger warten, er wollte los.

Am 25. August 1845 kam er im Hafen von Liverpool an. Von dort fuhr er mit der Bahn weiter und stieß sogleich auf seinen größten Konkurrenten, den Nadeltelegrafen von Charles Wheatstone.

»Auf meinem Weg von Liverpool nach London sah ich in Rugby bereits die ersten Telegrafendrähte, die, soweit ich verstand, bis nach Northampton führten. Da der Zug kurz stehen blieb, ging ich ins Postbüro und warf einen Blick auf den Apparat, den ich aus der *Illustrated Times* kannte. Der Mann am Schalter war nicht sehr gesprächig, er teilte mir mit, der Telegraf sei gerade nicht in Betrieb und würde überhaupt nicht viel benutzt. Das wunderte mich nicht, denn er verband zwei unbedeutende Orte. Außerdem ist Wheatstones System zu kompliziert« (Brief an Alfred Vail, 1. September 1845, II, S. 160 f.).

Trotz einiger Verbesserungen, die Wheatstone an seinem Apparat vorgenommen hatte, seit Finley ihn 1838 in London zum ersten Mal gesehen hatte, war sein eigenes System viel einfacher zu handhaben. Diesmal sah Finley in London gute Chancen für seinen Telegrafen. Das Thema wurde öffentlich abgehandelt. Die britische und die amerikanische Presse lieferten sich bissige kleine Duelle, wer denn nun den besseren Telegrafen besitze. Finley amüsierte sich. Seine Meinung stand fest.

Von England reiste Finley weiter nach Hamburg. Die Stadt, in der 1842 ein großes Feuer gewütet hatte, interessierte ihn. Inzwischen war Hamburg in weiten Teilen wieder aufgebaut.

»Die Fenster meines Hotelzimmers gehen auf die Alster, eine schöne ausgedehnte Wasserfläche, an drei Seiten umgeben von prächtigen Häusern. Boote und Schwäne gleiten neben den gut gekleideten Spaziergängern über die spiegelglatte Oberfläche und tauchen das Ganze in eine Atmosphäre von Frohsinn und Lebendigkeit« (30. September 1845, II, S. 163).

In Hamburg empfing man Finley aufs Herzlichste. Doch sein Apparat wurde nicht übernommen. Es war wie verhext: großes Interesse, doch keine konkreten Vereinbarungen. Finley hatte sich mehr erwartet und kehrte enttäuscht nach London zurück.

Seine Pläne, auch nach Schweden und Russland zu reisen, gab er auf. Es würde zu viel. Auf jeden Fall jedoch wollte er Frankreich besuchen. An Frankreich knüpfte er die größten Hoffnungen, dort hatte man sich noch nicht endgültig für einen Telegrafen entschieden. Das »englische System« wurde von der französischen Regierung zwar gerade geprüft, doch man zeigte sich auch dem kostengünstigeren und einfacher zu handhabenden Morse-Telegrafen gegenüber aufgeschlossen. An der Eisenbahnstrecke zwischen Paris und Rouen wurde der erste französische Telegraf getestet. Es war im Prinzip Wheatstones Nadeltelegraf, mit Verbesserungen des französischen Wissenschaftlers Louis Breguet.

Als Finley sich den Telegrafen an dieser Strecke ansah, begleitete ihn Monsieur Breguet persönlich. Dabei zeigte er Finley auch den Magneten, den er benutzte. Welch ein großes Privileg! Denn die Konstruktion der Elektromagneten war eines der bestgehüteten Geheimnisse der Telegrafierer. Breguets Magnete waren viel kleiner und dabei stärker und billiger als die Magnete, die Finley benutzte. Mit Breguets Einverständnis und gegen eine Entlohnung übernahm Finley fortan diese Magnete für sein System. Doch alles in allem überzeugte ihn der französische Telegraf nicht. Er konnte in einer Minute zwölf Signale senden, sein eigener schaffte einhundertzwanzig! Finley hegte eine berechtigte Hoffnung, dass sein Telegraf in Frankreich zum Einsatz käme. Erneut stellte er seinen geliebten T und sein Alphabet in der Akademie der Wissenschaften vor und warb für sein System. Die französische Regierung ließ sich jedoch Zeit mit der Entscheidung. Erst viele Jahre später, 1856, sollte der Morse-Telegraf in Frankreich übernommen werden.

In Österreich hingegen war Fürst Klemens von Metternich von Finleys »wunderschönem Telegrafen« so begeistert, dass er sich beim Kaiser persönlich dafür einsetzte. Der Kaiser hatte von der Erfindung bereits gehört und war begierig darauf, sie als Erster in Funktion zu sehen. So kam es, dass die erste europäische Linie, auf der der Morse-Telegraf verwendet wurde, die Strecke Wien – Prag war.

Auf dem Weg von London nach Liverpool, von wo aus er im November die Heimreise nach Amerika antreten wollte, schrieb Finley an seine Tochter Susan: »Ich weiß nicht recht, was ich über meine Telegrafenangelegenheiten hier sagen soll. Noch ist nichts entschieden, und ich habe viele Hindernisse zu überwinden, vor allem die anderen Telegrafen stehen mir im Weg. Doch daran, dass meiner der beste ist, habe ich keinerlei Zweifel« (9. Oktober 1845, II, S. 164).

Bei seiner Rückkehr nach Amerika sah Finley Telegrafenlinien das ganze Land überziehen. Was einmal eine Vision gewesen war, war nun Wirklichkeit geworden.

Gute Nachrichten erwarteten ihn. Seine Patentrechte waren verlängert worden, die Presse nannte ihn das »Idol der Nation«. Der Telegraf, so prophezeite ihm Amos Kendall, würde eines Tages Millionen wert sein. Und dieser Tag schien gar nicht weit entfernt zu liegen.

In Finleys Abwesenheit hatte Henry O'Reilly an der Strecke zwischen Baltimore und Philadelphia und Vail und Cornell an jener von Philadelphia nach New York gearbeitet. Bald würde man von Washington nach New York telegrafieren können. Welch ein magischer Moment! Der erste Versuch scheiterte allerdings. Irgendwo im Hudson musste das Kabel beschädigt worden sein. Der Fluss blieb eine verfluchte Herausforderung. Die Anker der Schiffe waren in diesen ersten Jahren die natürlichen Feinde der Telegrafie. An der Unterwasserführung des Kabels galt es noch vieles zu verbessern. Vorerst mussten sich Finley und seine Mitarbeiter auf das Glück verlassen. Ein neues Kabel wurde durch den Hudson gezogen. Beim zweiten Anlauf klappte es. Washington, Philadelphia und New York kommunizierten miteinander!

Washington: »Baltimore, sind Sie in Kontakt mit Philadelphia?«

Baltimore: »Ay, ay, Sir. Warten Sie einen Moment.« (Nach einer Pause:) »Los. Nun können Sie mit Philadelphia sprechen.«

Washington: »Wie geht es in Philadelphia?«

Philadelphia: »Ganz gut. Ist das Washington?«

Washington: »Ay, ay. Sind Sie mit New York verbunden?«

Philadelphia: »Ja.«

Washington: »Verbinden Sie mich mit New York.«

Philadelphia: »Ay, ay. Warten Sie einen Moment.« (Nach einer Pause:) »Legen Sie los!«

Washington: »New York, wie geht's?«

New York: »Ay, ay, Washington. Okay!«

Im Juni 1846 eröffnete Francis O. J. Smith seine New-York-Boston-Linie. Die größten amerikanischen Städte waren nun miteinander verbunden. Über vierhundertfünfzig Meilen Telegrafenleitungen liefen durch Amerika. Polizeistationen, Wachttürme, Feuerwehren wollten eigene Telegrafen. Mexiko, Kuba, Chile begannen sich für den Telegrafen zu interessieren.

Henry O'Reilly baute an einer besonders langen Linie von Philadelphia über Pittsburgh zu den wichtigsten Städten an den Großen Seen. Es waren viele Flüsse zu kreuzen, und die Verlegung unter Wasser war besonders teuer. Die Kosten stiegen, der anvisierte Termin zur Fertigstellung – und somit auch der Vertrag mit den Patentinhabern – konnte nicht eingehalten werden. Zusätzlich gab es einen weiteren Streitpunkt: Laut Vertrag hatte O'Reilly das Recht auf den Bau mehrerer Linien, die von einer einzigen Gesellschaft kontrolliert werden sollten. O'Reilly hatte in dem wirtschaftlich interessanten Raum jedoch verschiedene voneinander unabhängige Gesellschaften gegründet und die Patentinhaber dadurch vor den Kopf gestoßen. Smith verlangte eine Nichtigkeitserklärung des Vertrags, Finley suchte nach einem Kompromiss. Doch auch Vail und Gale wollten eine Lösung des Vertrags. Im Februar 1847 wurde der Streitfall einem Schiedsgericht in Philadelphia vorgelegt.

O'Reilly verlor den Prozess, doch er dachte nicht daran, aufzugeben. Er gründete seine eigene Gesellschaft, suchte Investoren und arbeitete nun mit allen Mitteln gegen Finley. Dazu gehörte es auch, dass er einen Ersatz für das Morsealphabet fand. Nach kurzen Verhandlungen erwarb er die Rechte an dem System eines gewissen Royal House, ebenfalls ein Buchstabensystem, das mit einer Klaviertastatur funktionierte, viel langsamer als das Morsealphabet, und über lange Strecken noch gar nicht getestet war.

Mit dem House-System begann O'Reilly, eine Linie von New York nach Philadelphia zu bauen. Auch kündigte er den Bau einer zweiten Linie von New York nach Buffalo an. Parallel dazu sollten die Morse-Linien im Westen weitergebaut werden. Ein offener Wettstreit hatte begonnen, viele Anleiheninhaber der neuen Morse-Linie von Buffalo nach Detroit forderten ihre Anleihen zurück und wollten den Ausgang des Wettkampfs abwarten.

Der Telegraf war ein lukratives Geschäft geworden, der harte Kampf um Marktanteile befand sich in vollem Gang. Da Finleys Telegrafensystem nicht, wie ursprünglich erhofft, als Monopol von der Regierung übernommen worden war und als Staatsunternehmen geführt wurde, waren kapitalistischen Interessen Tür und Tor geöffnet. Ein gewiefter Geschäftsmann wie O'Reilly hatte die Gunst der Stunde erkannt. Die Rechte für neue Telegrafenlinien zu erwerben, kam der Entdeckung einer Goldmine gleich. Und während Finleys ursprünglicher Antrieb für seinen T der idealistische Kampf gegen die Langsamkeit gewesen war, ging es O'Reilly nur ums Geld.

Der Konflikt zwischen O'Reilly und Finley spitzte sich zu, als O'Reilly eine weitere Telegrafenlinie von Louisville über Nashville nach New Orleans ankündigte. Noch eine Konkurrenzlinie!

Amos Kendall riet Finley, in die Offensive zu gehen. »Wir müssen überall sein!«, lautete Kendalls Devise, und so gründete auch er eine weitere Gesellschaft, die Orleans & Ohio Telegraph Company, und begann ebenfalls eine Linie von Louisville über Nashville Richtung New Orleans zu bauen. Kendall, dem Finley vertraute, hatte entschieden, O'Reilly auf gleicher Strecke herauszufordern. Ein schlauer Schachzug, der Finley leises Vergnügen bereitete. Einen Teil der Strecke arbeiteten die zwei rivalisierenden Trupps direkt nebeneinander. Mal lag der eine ein paar Meilen vorn, mal der andere. Finley fürchtete, dass es womöglich zu Handgreiflichkeiten kommen könnte, und ließ seine Arbeiter mit Pistolen ausstatten.

Die beiden Trupps arbeiteten in Seh- und Hörweite, Kampfschreie und Provokationen waren zu hören, aber Schüsse fielen keine. Der Wettstreit dauerte bis New Orleans an, wo die Morse-

Gruppe später ankam als die O'Reilly-Gruppe. Den Wettlauf mit der Konkurrenz hatte Finley verloren. Doch er war juristisch im Vorteil. Während sich die Linien im Bau befanden, hatten die Inhaber des Morse-Patents gegen O'Reilly eine Klage eingereicht und ihm untersagt, den Morse-Apparat zu verwenden. Der Fall ging bis vor den Obersten Gerichtshof. Jeden Morgen pünktlich um zehn Uhr erschien Finley im Gerichtssaal und hörte die Argumente und Begründungen, die O'Reilly anführte. Nachmittags beriet er sich mit Amos Kendall und seinen Anwälten. Nach fünfzehn Tagen verkündete der Richter das Urteil: Samuel Finley B. Morse war der alleinige Erfinder und konnte für jede Verwendung elektromagnetischer Kraft in der Telegrafie in Amerika Patentansprüche stellen.

Ein wegweisendes Urteil in der Geschichte der Telegrafie. Finley begann nun, vor Gericht seine Rechte einzuklagen. In Prozessen in Boston, Ohio, Tennessee und New York kämpfte er um sein Monopol.

Inzwischen äußerten auch die Kanadier Interesse am Morse-Telegrafen, von Toronto nach Montreal, von Montreal nach Quebec und Halifax waren Linien geplant. Finley schrieb an seinen Bruder Sidney, der mit seiner Familie in Europa weilte: »Die telegrafischen Angelegenheiten werden von Tag zu Tag interessanter. Alle physikalischen und technischen Schwierigkeiten sind beseitigt« (29. Oktober 1846, II, S. 173).

Sein geliebter T war anerkannt, und dessen weltweite Verbreitung hatte begonnen. Nach den aufreibenden Jahren der Prozesse und Machtkämpfe um den Telegrafen war geschehen, was Finley schon kaum mehr zu hoffen gewagt hatte: Alles hatte sich zum Guten gewendet.

Nun konnte sich Finley einen großen Wunsch erfüllen: ein eigenes Heim. Er fand ein Grundstück in Poughkeepsie, achtzig Meilen nördlich von New York City, direkt am Hudson, ein wenig

PROF. S. F. B. MORSE, POKEPSIE, HUDSON RIV. N.Y. 1851.

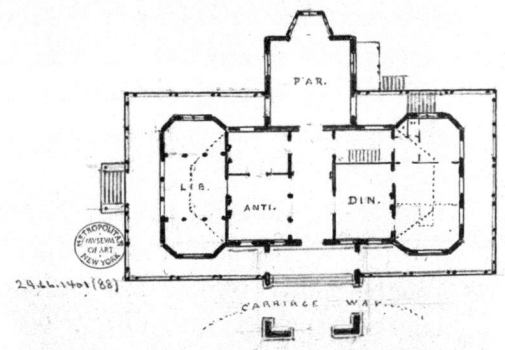

AS AT FIRST DESIGNED. EXECUTED AS ON DOTTED LINE.

Der Plan für Locust Grove von dem Architekten
Alexander Jackson Davis

119

außerhalb des Ortszentrums mit den Märkten, Geschäften, Schulen und Kirchen gelegen.

Entlang des Flusses war eine Eisenbahnlinie im Bau, die Finley in zwei Stunden nach New York City bringen würde.

»Ich traue mich fast nicht, Dir zu sagen, wie schön es ist. In England müsste man das Doppelte dafür bezahlen. Die Gegend hier hat alles: Flachland, Hügel, Wald, den Fluss. Im Süden liegen die Fishkill Mountains und im Norden die Catskill Mountains. Der Hudson mit all seinen Windungen und den Schiffen und Booten bietet ein ständig wechselndes Bild« (Brief an den Bruder Sidney, 30. Juli 1847, II, S. 179).

»Locust Grove« war der ursprüngliche Name des Besitzes gewesen, den Finley beibehielt. In Locust Grove wollte er alt werden. Ein eigenes Zuhause mit Garten! Wegen der vielen Akazien, die die schön geschwungene Auffahrt säumten, nannte er den Garten Akazienhain. Finley beauftragte den Architekten Alexander Jackson Davis damit, ihm ein Haus im Stil einer italienischen Villa zu entwerfen. Davis hatte bereits mehrere Häuser im italienischen Modestil am Hudson geplant. Für Finley baute er einen vierstöckigen Turm mit einem Nord- und einem Südflügel. Im Südflügel befand sich Finleys Arbeitszimmer mit einer Terrasse, die direkt in den Garten überging.

Den Frühling 1848 verbrachte er bereits in seinem eigenen Heim, inmitten einer unvorstellbaren Blütenpracht und des Dufts der Akazien. Nur ein bitterer Gedanke trübte Finleys spätes Glück. Susan, Charles und Fin hatten jetzt zwar einen Ort, an dem sie jederzeit willkommen wären, und er würde es genießen, seine Kinder um sich zu haben, doch das Zuhause, das ihnen in ihrer Kindheit und Jugend gefehlt hatte, konnte er ihnen damit nicht mehr ersetzen.

Im Juni reiste Finley zur Hochzeitsfeier seines Sohnes Charles nach Utica, New York. Während der Trauung fiel ihm eine der Brautjungfern auf. Es war Sarah Elizabeth Griswold, die Toch-

Eine der beiden erhaltenen Daguerreotypien von Morse,
Sarah und Susan Morse in Locust Grove

ter seines Cousins, der er als Mädchen schon einmal begegnet war. Jetzt war sie eine junge Frau von sechsundzwanzig Jahren, und sie gefiel Finley sehr.

Er beobachtete sie, wie sie während der Feier zu seinem Sohn Fin ging, der wegen seiner Sprachstörung allein in einer Ecke saß. Sarah nahm Fin liebevoll bei der Hand, hieß ihn aufstehen, um mit ihr durch den Raum zu spazieren und ihm dieses und jenes zu zeigen. Sie wollte ihn unterhalten, am Fest teilhaben lassen. Das Herz von Finley war in diesem Moment erobert. Noch am selben Tag machte er Sarah einen Heiratsantrag. Zwei Monate später wurde die Hochzeit gefeiert.

Sarah war einunddreißig Jahre jünger als er; und sie war taub-stumm. Als Tochter eines Offiziers war sie in einem Militärfort in der Nähe des Oberen Sees in Minnesota geboren worden. Im Alter von einem Jahr erkrankte das Kind und blieb seitdem taubstumm. Wie bei Finleys Sohn Fin war es auch bei Sarah eine Scharlach-erkrankung gewesen, die zu einer Behinderung führte. Drei Jah-re lang hatte Sarah eine Schule für Taubstumme besucht und dort die Taubstummensprache erlernt, in der sie sich zügig verständi-gen konnte.

Finley, der Erfinder des Morsealphabets, jedoch weigerte sich, die Taubstummensprache zu lernen. Er wollte, dass Sarah sich im Lippenlesen übte, und hoffte, sie auf diese Weise zum Sprechen zu animieren. Mithilfe ärztlicher Betreuung sollte sie Fortschritte machen. Sie bemühte sich sehr, Erfolge blieben allerdings schwer zu erkennen. Doch wie gern Finley sie bei allem beobachtete. Welch ein ausgeglichenes Wesen sie hatte. Wie schön es war, eine Frau um sich zu haben!

Finley saß neben Sarah auf der Terrasse seines neuen Heims, hielt ihre Hand, blickte auf den Hudson und die vorbeiziehenden Schiffe und war glücklich. Eine bis dahin unbekannte Ruhe um-gab ihn, und er dankte Gott für diesen Seelenfrieden.

Sein Bruder Sidney war inzwischen aus Europa nach Amerika zurückgekehrt; ihn ließ Finley als nächsten Vertrauten an seinem familiären Glück teilhaben.

»Meine Angelegenheiten (die um den Telegrafen) liegen zwar noch in leichtem Nebel, doch er ist dabei, sich zu lichten; ich kann schon hindurchblicken. Und Du machst Dir keine Vorstellung, wie hübsch es hier ist. Es vergeht wahrlich kein Tag, an dem ich mich nicht darüber freue. Meine süße Frau ist ein Schatz, stets gut gelaunt. Ein wahrer Sonnenschein« (Brief an den Bruder Sidney, 18. Dezember 1848, II, S. 189 f.).

Weder der andauernde Streit mit Francis O. J. Smith noch all die anderen Querelen, in die er verwickelt war, konnten Finley nun etwas anhaben. Und mochten sich seine Wege von jenen früherer Weggefährten trennen, so kamen doch wieder neue Freunde hinzu. Thomas R. Walker, Bürgermeister von Utica, und seine Frau, die die Halbschwester von Finleys Schwiegermutter war, gehörten bald zum engeren Kreis um Sarah und Finley. Thomas R. Walker wurde solch ein naher Freund, dass Finley ihn später sogar zu seinem Nachlassverwalter ernannte.

Sein Sohn Charles, der das Studium in Yale aufgegeben hatte, um Farmer zu werden, stellte indes fest, dass auch das Leben als Farmer nicht seine Bestimmung war. Nun war er, jung verheiratet, auf Arbeitssuche. Finley nahm Charles und seine junge Frau Manette in Locust Grove auf. Auch Sarahs Mutter wohnte in Locust Grove. Das Haus war groß genug, und Finley genoss es, zum ersten Mal in seinem Leben Familie um sich zu haben.

Seine Tochter Susan kam jedes Jahr aus Puerto Rico mit ihrem Sohn Charles auf Besuch. Susan war um zwei Jahre älter als Finleys neue Frau Sarah und fühlte sich sichtlich wohl im Hause ihres Vaters. Ihre Ehe in Puerto Rico war nicht sehr glücklich, und ihr Mann Edward war mit seiner Rum-Destillerie und der Landwirtschaft auch in finanzielle Schwierigkeiten geraten. Finley gab Susan eine Beteiligung an seinen Tantiemen für den Telegrafen, um auszuhelfen. Endlich konnte er nachholen, was er als Vater so lange versäumt hatte.

Die Präsidentschaft der National Academy of Design hatte Finley 1845 abgegeben, um sich ausschließlich auf den Telegrafen zu konzentrieren. Seine Existenz als Maler gehörte einer weit entfernten Vergangenheit an. Nach wie vor verfolgte er die Aktivitäten der Akademie aber mit besonderem Interesse und blieb auch mit einigen Mitgliedern in engem Kontakt.

1848 ging der zweijährige mexikanisch-amerikanische Krieg zu Ende, initiiert von dem amerikanischen Präsidenten James K. Polk, der für seine Expansionspolitik gewählt worden war. Mexiko verlor dabei große Gebiete an Nordamerika – die heutigen Staaten Arizona, Kalifornien, Nevada, New Mexico und Utah. Innerhalb eines Tages verbreitete sich die Nachricht vom Kriegsende im ganzen Land. Alle Zeitungen berichteten von der Unterzeichnung des Friedensvertrags zwischen Mexiko und den USA. Die Informationspolitik hatte sich dank des Morse-Telegrafen vollkommen verändert. Nie wieder würde es passieren, dass Soldaten weiterkämpften, weil sie noch nicht erfahren hatten, dass der Krieg beendet war, dachte Finley. Er, Samuel Finley B. Morse, hatte dazu beigetragen, die Welt zu verändern.

Inzwischen trat der Morse-Telegraf auch in Europa seinen unaufhaltsamen Siegeszug an. Finleys größter Triumph war der späte Erfolg in England, wo an vielen Linien der Nadeltelegraf von Wheatstone und Cooke durch seinen Telegrafen ersetzt wurde. In Preußen, Österreich und in der Türkei war der Morse-Telegraf bereits in Betrieb. In Bayern setzte sich erstaunlicherweise sogar sein Konkurrent, der Mathematiker und Physiker Steinheil, für den Morse-Telegrafen ein und empfahl ihn der bayerischen Regierung. Seiner Meinung nach war das System überzeugender als das von ihm selbst entwickelte. Und nun waren auch die Regierungen von Belgien, Frankreich, Holland, Schweden, des Piemonts, der Toskana und Russland bereit, den Morse-Telegrafen zu verwenden.

Nur O'Reilly fand wieder ein neues System, mit dem er Finley Ärger bereitete. Der britische Uhrmacher Alexander Bain hatte einen Telegrafen entworfen und berief sich ebenfalls auf ein Alphabet aus Punkten und Strichen, das James Swain aus Philadelphia 1829 für Gefängnisinsassen zur Kommunikation durch die Mauern entwickelt hatte: Klopfzeichen und Kratzgeräusche. Finley kannte das Alphabet. Es war anders als seines, vor allem war es nicht zur Langstreckenkommunikation gedacht. Doch wieder musste Finley vor Gericht seine Rechte verteidigen. Wie viele Anwälte hatte er bezahlt in den letzten Jahren! Manchmal lag er nachts wach, hörte auf den gleichmäßigen Atem seiner jungen Frau und träumte mit offenen Augen davon, dass die Streitigkeiten um den Telegrafen endlich ein Ende hätten.

1854 ließ sich Finley erneut von den Demokraten aufstellen; erneut hoffte er, in den Kongress gewählt zu werden. Doch er erhielt wieder nicht genügend Stimmen. Finley war enttäuscht, hätte es ihm doch gefallen, seine Ansichten mit mehr Gewicht zu vertreten. In der in diesen Jahren heftig geführten Debatte über die Abschaffung des Sklaventums gehörte Finley zu dessen Verteidigern. Die Sklaverei als solche sei keine Sünde, fand er. Er sah sie als Teil der bestehenden Weltordnung an. Seiner Meinung nach sollte das Sklaventum weiter bestehen, vorausgesetzt, es werde weise und menschlich gehandhabt und politisch kontrolliert. Finley war ein konservativer Mann. Auch bei dem zweiten viel diskutierten Thema jener Jahre, der Einwanderung, stand er auf der konservativen Seite. Er hatte Angst, dass zu viele Immigranten die soziale Ordnung in Amerika durcheinanderbringen könnten. Bei den sozialen Themen war mit ihm keine Revolution zu machen. Im technischen Bereich, auf dem Gebiet der Kommunikation, hatte Samuel Finley B. Morse eine der modernsten Erfindungen des Jahrhunderts gemacht. In der amerikanischen Gesellschaft aber sollte, wenn es nach ihm ginge, möglichst alles so bleiben, wie es war.

III

DAS ATLANTIKKABEL

Samuel Finley B. Morse war nun zweiundsechzig Jahre alt und trug einen langen weißen Bart und weißes, wallendes Haar. Sein Blick war beständig und nachdenklich geworden. Vier Jahrzehnte eines ungesicherten Künstler- und Erfinderlebens lagen hinter ihm, verzweifelte Abstürze, eine emotionale Berg-und-Tal-Fahrt, die ihm unglaubliche Energien abverlangt und am Lebensnerv selbst gezehrt hatte – kurz, genau das Leben, vor dem der Vater Jedediah seinen Sohn Finley einst hatte beschützen wollen. Doch Finley war seinen eigenen Weg gegangen und zu einem Abenteurer geworden. Und wenn er zurückblickte auf all die Hoffnungen, Erfolge, Rückschläge und Streitigkeiten – er würde sein Leben genau so wieder leben, trotz der jahrzehntelangen finanziellen Not, die ihm sein stürmischer Wagemut beschert hatte. Alles, was er war und was er hatte, hatte er sich selbst erkämpft. Das war seine große Stärke. Nachdem er mehrmals alles erreicht und beinahe alles wieder verloren hatte, ruhte er in sich selbst. Er wusste, was es heißt, immer wieder von vorn beginnen zu müssen, und er hatte keine Angst mehr davor.

Seine junge Frau machte ihn in seinem reifen Alter noch viermal zum Vater. Die drei Söhne Arthur, Willie und Edward und die Tochter Cornelia wuchsen in einer richtigen Familie auf, so wie er es sich auch für seine großen Kinder gewünscht hätte.

Der Morse-Telegraf war Teil des amerikanischen Handelslebens geworden. Er wurde landauf, landab von Geschäftsleuten für Bestellungen und Zahlungsaufforderungen genutzt. Ein riesiges Netz von Telegrafendrähten quer durch die USA trug zum wirtschaftlichen Erfolg der wachsenden Nation bei. Und auch in Europa war sein geliebter T längst angekommen. Zwischen Stockholm und Uppsala wurde 1853 eine Morse-Leitung verlegt, die erste Telegrafenleitung Schwedens. Die Preußen installierten zwischen Berlin und Aachen, Frankfurt am Main und Hamburg eine Morse-Leitung. Von der preußischen Regierung war Finley mit der Goldmedaille für wissenschaftliche Verdienste ausgezeichnet worden. Sogar in Australien, Indien und Russland tickerten Nachrichten über Morse-Leitungen.

Er hatte es geschafft. Sein Telegrafensystem hatte sich als das praktikabelste und nutzerfreundlichste auf der ganzen Welt durchgesetzt. Nun blieb ein letzter großer Traum: das Atlantikkabel.

Seit Jahren schon trieb Finley die Idee der weltumspannenden Kommunikation um, in seinen Augen eines der größten Abenteuer der Menschheit. Seine Künstlerseele erlaubte es ihm, Visionen nachzuhängen, die andere für verrückt hielten. Schon im Jahr 1843 hatte er ausgesprochen, was für den Großteil der Menschheit noch undenkbar war: »Telegrafische Kommunikation nach meinen Plänen wird mit Sicherheit eines Tages auch über den Atlantik möglich sein! Jetzt mag das noch verblüffend wirken, aber ich bin zuversichtlich, dass die Zeit kommen wird, in der dieses Vorhaben Wirklichkeit wird« (II, S. 218).

Mehr als ein Jahrzehnt nach seiner Prophezeiung rückte das Atlantikkabel nun in greifbare Nähe. Bereits 1842 hatte er mit eigenen finanziellen Mitteln eine Expedition gestartet und begleitet, um auf einigen Meilen rund um Governors Island bei New York City probeweise ein Unterseekabel zu verlegen. Der Versuch war schnell gescheitert, denn kurz nach der Verlegung hatte ein Fischer das Kabel wieder herausgefischt. Finley lernte daraus, dass die Kabelverlegung zukünftig in einer gewissen Tiefe stattfinden müsste. Ansonsten äußerte er sich nicht weiter zu diesem Vorfall. Er mochte es nicht, an Niederlagen erinnert zu werden, und er war bereit, noch geraume Zeit zu warten, bis sich endlich die Gelegenheit ergäbe, seinen Traum zu verwirklichen.

Im Januar des Jahres 1854 erhielt er einen Brief des New Yorker Kaufmanns Cyrus Field, den er vom Namen und von Bildern her kannte. Field hatte ein Vermögen im Papiergeschäft gemacht, galt mit seinen fünfunddreißig Jahren als einer der reichsten Männer der Stadt und war stets bereit, sein Geld für neue Ideen einzusetzen. Er hatte ein markantes Gesicht, eine hohe, fliehende Stirn, die Strenge und Durchsetzungskraft verrieten. Wie Finley war er der Sohn eines Geistlichen aus Neuengland, vom Glauben geprägt und gleichzeitig nüchtern und scharfsinnig.

Auf der Suche nach einem Projekt, mit dem er in die Geschichte der Menschheit eingehen konnte, war Cyrus Field nun auf Samuel Finley B. Morse gestoßen. Von Abenteurer zu Abenteurer. Als er Finley schrieb, war Field gerade von einer sechsmonatigen Reise aus dem amazonischen Urwald zurückgekehrt, voller Energien und Tatendrang. In dem Brief ging es um die transatlantische Telegrafie. Wenn man im Atlantik ein Kabel verlegte, könnte man die Alte und die Neue Welt zusammenführen. Field schlug vor, die beiden nächstgelegenen Punkte in Europa und Amerika mit einem Unterseekabel zu verbinden: Irland und Neufundland. Und von Neufundland könnte die Telegrafenleitung über Maine nach New York weitergehen. Was Herr Morse dazu meinte?

Finley kam es vor, als hätte er auf diesen Brief seit vielen Jahren gewartet. Hier sprach ein Verbündeter, ein Mann mit Visionen wie er selbst! Den hatte ihm der Himmel geschickt. Am liebsten hätte Finley sofort geantwortet, doch die Erfahrung der vergangenen Jahre, die Zwistigkeiten um die Telegrafenrechte, hatten ihn Zurückhaltung gelehrt. Er war nicht mehr so leicht aufzuregen und nicht mehr so leicht zu begeistern. Und doch klang es verheißungsvoll, was dieser Mann schrieb! Aber er nahm sich vor, es schnell und ganz in Ruhe anzugehen, und stattete erst einmal dem Schiffsleutnant und Meereskundler Matthew Fontaine Maury einen Besuch in seinem Labor in Washington ab. Denn weder Field noch Finley waren vom Fach. Cyrus Field hatte gar noch nie ein Kabel mit eigenen Augen gesehen. Und die Kabelverlegung war ein kompliziertes Geschäft. Davon wusste Finley ein Lied zu singen – saßen ihm die Probleme bei den Kabelverlegungen für die ersten Morse-Linien über Land doch noch in den Knochen, die Schwierigkeiten mit den verflixten Drähten. Und welche Überraschungen würde erst der Ozean bereithalten!

Matthew Fontaine Maury hatte im Atlantik geforscht und schien Finley der richtige Mann für verlässliche Auskünfte über Meerestiefen und die Bodenbeschaffenheit zu sein. Das Gutachten, das der Ozeanograf über das Plateau zwischen Irland und Neufundland erstellte, ermutigte ihn denn auch entsprechend. Das Meer war demnach an dieser Stelle tief genug, um das Kabel vor Ankern und Fischern zu schützen. Denn dass sein Kabel aus dem Meer gefischt würde, das sollte Finley nicht ein zweites Mal passieren!

Das Plateau, erklärte Maury, sei weder zu tief noch zu seicht; tief genug, damit das einmal gelegte Kabel nicht von Schiffen, Eisbergen oder Strömungen abgelenkt werden könne; seicht genug, damit es relativ schnell auf Grund stoße. Das war genau das, was Finley hören wollte. Die Beschaffenheit des wenig zerklüfteten Grundes sei offenbar günstig für die Kabelverlegung, schrieb er an Cyrus Field, und überhaupt wolle er seine Begeisterung für das Projekt äußern. Er war dabei!

Field reagierte umgehend, und binnen Kurzem gelang es ihm, weitere Investoren für das Projekt Atlantikkabel zu gewinnen.

Im Verlauf des Frühjahrs 1855 kamen Finley und Cyrus Field an vielen Abenden in Fields Wohnung am Gramercy Place in New York City zusammen und schmiedeten hochfliegende Pläne, wie sie den gesamten Erdball mit Telegrafenlinien überziehen würden.

Dem Team, das Field zusammenstellte, um das ambitionierte Unternehmen schnell zum Erfolg zu führen, gehörten neben Finley der Eisenhüttenbesitzer und Erfinder Peter Cooper an, der Rechtsanwalt und Bruder von Cyrus, Davis Dudley Field, sowie die Bankiers und Kaufleute Marshall O. Roberts, Moses Taylor, Wilson G. Hunt und Chandler White. Nächtelang brüteten die Herren über Plänen und Kostenvoranschlägen, und schließlich gründeten sie die New York, Newfoundland and London Telegraph Company und sicherten sich für fünfzig Jahre das Monopol, in Neufundland Kabel verlegen und Telegrafenlinien betreiben zu dürfen. Finley wurde zum wissenschaftlichen Berater der Gesellschaft ernannt.

Hoffnungsfroh und voller Tatendrang schrieb Finley an seinen Freund Thomas R. Walker in Utica: »Unser Atlantikkabel ist auf gutem Wege. Wir haben Regierungen und Kapitalgeber gefunden, die mit Eifer dabei sind. Keine drei Jahre werden vergehen, bis wir über eine Unterwasserverbindung mit Europa kommunizieren können! Es gibt keinen Zweifel mehr. Ich werde in meinem Büro sitzen und gleichzeitig Menschen aus London, Paris, Kairo, Kalkutta, Canton Rede und Antwort stehen« (II, S. 119 f.).

Walker wünschte ihm viel Glück für dieses Lebensprojekt, das ihn sicher bis ins hohe Alter begleiten werde, wie er mit leiser Ironie hinzufügte.

Das Abenteuer, in das sich Finley und sein Kompagnon nun mit so viel Energie stürzten, fand jedoch nicht nur begeisterte Anhänger. Die Fantasie einer weltumspannenden Kommunikation erntete auch Spott. Als unpraktikabel, absurd und lächerlich wurde die Idee des Atlantikkabels in der *New York Tribune* abgekanzelt. Finley schlug die Zeitung zu und schüttelte den Kopf. Warum war es so schwer, die Menschen für etwas Neues zu begeistern? Nur das Altbekannte und Immergleiche war gut. So würde sich nie etwas ändern. Es brauchte Menschen, die sich über Hindernisse hinwegsetzten und an Experimente wagten. Und er war so jemand. Jetzt hatte er auch die finanziellen Mittel, um sich mit Kapital am Risiko zu beteiligen. Finley investierte zehntausend Dollar in die

New York, Newfoundland and London Telegraph Company, was einer zehnprozentigen Beteiligung gleichkam.

In den kanadischen Provinzen bediente man sich Finleys Telegrafen und Alphabets, doch er hatte es verabsäumt, sich durch einen Parlamentsbeschluss ein Patent in Kanada zu sichern. Das wurde nun von Field im Namen der neuen Company nachgeholt. In seiner Euphorie übertrug Finley der Company auch, ohne zu zögern, seine Patentrechte auf der Telegrafenlinie zwischen Maine und New York City – und dies, obwohl er diese Rechte eigentlich nicht ohne die Zustimmung der anderen Patentmitinhaber zu vergeben hatte; genauso wenig wie das ausschließliche Recht, Parallellinien zu den bestehenden bauen zu dürfen, das er der Company mit ebenso großer Geste übertragen hatte. Sein Berater Kendall erfuhr davon, als Finley seine Unterschriften schon unter die Verträge gesetzt hatte. Er wollte nicht glauben, was er schwarz auf weiß vor sich sah. Kendall wies Finley scharf zurecht. Das Field-Konsortium dürfte die Nutzungsrechte frei ausüben, während Gesellschaften, an denen Finley selbst seit Längerem mehrheitlich beteiligt war, dafür bezahlen müssten! Doch Finley wollte die Kritik nicht hören. Er war alt genug. Und in Field hatte er einen Seelenverwandten gefunden. Er vertraute ihm.

Wie um noch eins draufzusetzen, willigte Finley auch in den Beschluss der Field-Gesellschaft ein, einigen anderen Telegrafengesellschaften zu gestatten, ihre Nachrichten zum halben Preis über das Atlantikkabel zu übermitteln. Amos Kendall bat ihn mehrmals mit Nachdruck, dieses Abkommen für ungültig zu erklären. Doch Finley wollte Field beweisen, dass dieser ganz und gar auf ihn zählen konnte, ja dass er all seine geschäftlichen Schritte unterstützte. Trotz so mancher Niederlage war Finley immer noch bereit, an das Gute im Menschen zu glauben und die Kraft menschlichen Vertrauens über die Macht wirtschaftlicher Interessen zu stellen. Jeder bekäme von ihm einen Vertrauensvorschuss – zumindest bis er bewiesen hatte, dass er ihn nicht verdiente.

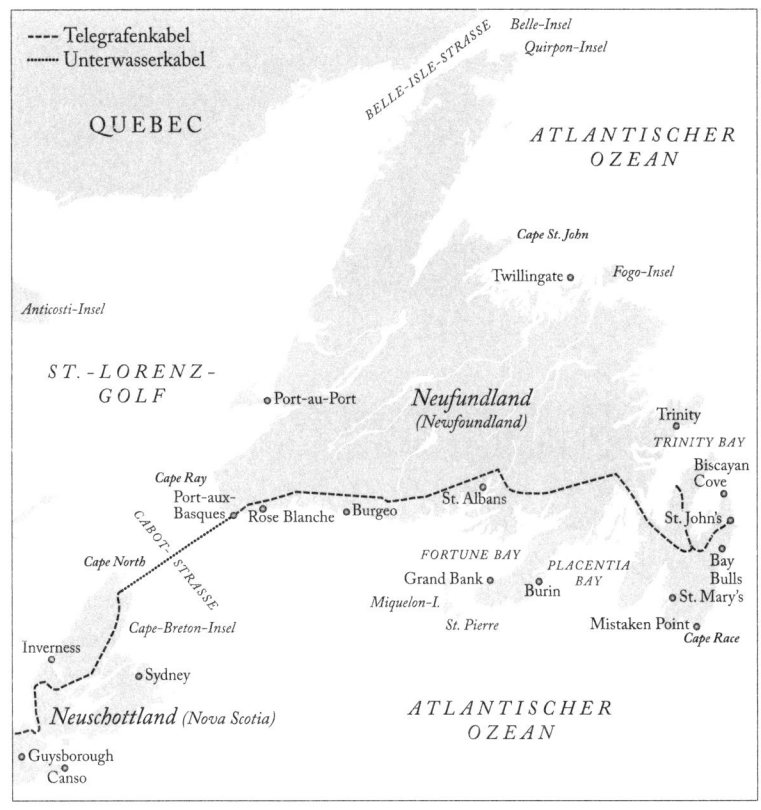

Das Telegrafenkabel in Neufundland

In Neufundland waren die Vorbereitungen für die Land-Wasser-Leitung in vollem Gange. Zunächst musste eine Infrastruktur geschaffen werden, sechshundert Arbeiter errichteten eine Straße vom einen Ende Neufundlands zum anderen, und im ganzen Land wurden Telegrafenmasten aufgestellt. Die Kabelverlegung zu Land begann im Frühjahr 1854 und sollte in wenigen Monaten abgeschlossen sein. Doch in dem unwegsamen Gelände auf Neufundland, zwischen Biscayan Cove im Norden und Mistaken Point im Süden, gingen die Arbeiten langsamer voran, als Finley und Cyrus Field geplant hatten.

135

Kabelfabrik in Greenwich

Das Unterwasserkabel – mit Guttapercha isolierte Kupferdrähte – sollte von Cape Ray, Neufundland, durch den St.-Lorenz-Golf nach Cape Breton Island, Nova Scotia, reichen.

Die Herstellung des etwa faustdicken Seekabels war überhaupt erst möglich geworden durch einen neuen Rohstoff aus den Tropen, das sogenannte Guttapercha. Ein englischer Arzt hatte den klebrigen Milchsaft des Guttaperchabaumes *(Palaquium gutta)* in den Urwäldern des heutigen Malaysias und Indonesiens entdeckt. Der getrocknete Milchsaft löste das Isolierungsproblem, denn er wurde im Salzwasser nicht brüchig – wie Kautschuk – und war bei fünfzig Grad gut formbar, während er bei niedrigen Graden aushärtete.

Das Kabel wurde in England von Richard Atwood Glass und George Elliot und deren Glass & Elliot Company fabriziert. Der Dreimaster *Sarah L. Bryant* sollte das Kabel nach Neufundland bringen und dort auch verlegen.

Als der große Moment näher rückte, lud Field Finley ein, mit ihm und fünfundachtzig anderen Gästen – Journalisten, Wissenschaftlern, Freunden – die Verlegung des Kabels zwischen Neufundland und dem kanadischen Festland zu begleiten. Finley sagte sofort erfreut zu. Field heuerte dafür das Dampfschiff *James Adger* an, das am 7. August 1855 mit der fröhlichen Runde an Bord New York verließ. Die *James Adger* war ein neues Schiff, 1851 erbaut; bekannt wurde sie erst einige Jahre später, als sie im amerikanischen Bürgerkrieg eingesetzt wurde. Die Begleitung der Kabelverlegung war ihre erste berühmte Ausfahrt. Siebenhundertfünfzig Dollar kostete die Miete des Schiffes pro Tag, ein Vermögen. Doch Field scheute keine Kosten, er wollte das Ereignis im großen Stil begehen. Peter Cooper war auch dabei und der Bruder von Cyrus, David Dudley Field. Finley hatte auf dem Schiff einen Telegrafen installiert. Er war bestens vorbereitet auf den großen Moment. Eine Blaskapelle spielte an Bord, Reden auf das Atlantikkabel wurden gehalten, und in ausgelassener Stimmung prostete man einander zu.

Finley genoss die Zeit auf dem Schiff. Er sah sich alles ganz genau an. Dampfschiffe faszinierten ihn seit seiner Jugend. Er erinnerte sich, wie sein Vater ihm von den ersten Dampfschiffen erzählt und Bilder gezeigt hatte. Von dem englischen Dampfschiff *Defiance*, das 1812 als erstes Dampfschiff in Deutschland angekommen war, hatte er Zeichnungen gesammelt. Als 1819 die amerikanische *Savannah* erstmals unter Dampfantrieb den Atlantik überquert hatte, waren Europa und Amerika um so vieles näher zusammengerückt. Dank der Umwandlung des Dampfes in mechanische Energie ging es nicht nur zuverlässiger, sondern auch viel schneller voran. Das Dampfschiff, fand Finley, war eine ganz außerordentliche Entdeckung, ein Einschnitt in der Geschichte der Seefahrt, gerade so, wie sein Telegraf und Alphabet ein Einschnitt in der Geschichte der Kommunikation war.

Die *James Adger* legte in Port-aux-Basques in Neufundland an, wo die *Sarah L. Bryant* bereits warten sollte. Doch das Schiff mit dem Kabel an Bord war nicht da. War die *Sarah L. Bryant* auf ihrem Weg von England über den Atlantik in schlechtes Wetter geraten? Niemand wusste, was passiert war und wann sie kommen würde. Kommunikation auf dem Meer gab es ja noch keine. Voller Ungeduld zückte Cyrus Field auf der *James Adger* nahezu stündlich das Fernrohr und suchte das Meer ab. Aber das ersehnte Schiff zeigte sich nicht am Horizont. Nach einem sich endlos hinziehenden Tag tatenlosen Wartens entschied Field, vom Westteil der Insel an den Ostteil zu fahren und im Hafen von St. John's vor Anker zu gehen. Vielleicht war die *Sarah L. Bryant* ja in St. John's eingelaufen.

Doch von dem englischen Schiff war auch hier nichts zu sehen. Trotzdem veranstaltete Field für die Stadtbewohner ein aufwendiges Bankett. Niemand sollte die gute Laune und den Glauben an das Gelingen der Expedition verlieren! Er lud die Bewohner von St. John's auf die *James Adger* ein und hielt eine glühende Rede auf die großartige Vision des Atlantikkabels, die in Neufundland nun Wirklichkeit werde. Und St. John's sei der auserwählte Ort, an dem die ersten Kabelteile verlegt würden, um die Alte und die Neue Welt zusammenzuführen. Welch ein historischer Moment, welch eine Ehre! Die Zuhörer spendeten ihm begeisterten Beifall. Finley stand am Heck, ließ die Meeresbrise über sein Gesicht streichen und fühlte die Erhabenheit des Moments. Field war ein guter Redner. Alle glaubten an ihn.

Aber es vergingen noch mehrere Tage, bis das Schiff endlich von einem Matrosen gesichtet wurde. Mit einwöchiger Verspätung traf die *Sarah L. Bryant* mit dem ersehnten Kabel an Bord in St. John's ein.

Jetzt musste für die geplante Verlegung nur noch das Wetter mitspielen. Doch der heftige Wind, der in der letzten Augustwoche des Jahres 1855 blies, wollte nicht aufhören. Hoher Seegang und dichter Nebel zögerten den Beginn der Kabelverlegung weiter

Die Sarah L. Bryant *und die* James Adger *im Sturm*

hinaus. Nach drei Tagen des Wartens im Hafen entschied der Kapitän der *Sarah L. Bryant,* auszulaufen und trotz des starken Nordwestwinds mit der Kabelverlegung zu beginnen. Die *James Adger* war dem Schiff dicht auf den Fersen.

Die unruhige See und das stürmische Wetter erschwerten das Abrollen des Kabels. Mehr als eine Meile pro Stunde war nicht zu schaffen, das hieß, die *Sarah L. Bryant* durfte nicht viel Fahrt machen. Bei der unruhigen See und dem hohen Wellengang war ein langsam fahrendes Schiff extrem schwer zu manövrieren, und erst recht zwei dicht beieinander fahrende Schiffe.

Finley klammerte sich mit beiden Händen an die Reling der *James Adger* und beobachtete mit Unbehagen die schwankende *Sarah L. Bryant.* Die Schiffe schienen dem Unwetter hilflos ausgesetzt zu sein. Sie näherten sich bedrohlich einem Felsen. Und bei dem Versuch, dem Felsen auszuweichen, kollidierten die beiden Schiffe. Eine gewaltige Böe fegte über sie hinweg.

Auf der *James Adger* herrschte Schweigen. Das Unternehmen wurde abgebrochen, das Kabel gekappt. Die beiden Kapitäne hatten alle Hände voll damit zu tun, die beschädigten Schiffe zu manövrieren.

Wieder im Hafen, testete Finley seinen Telegrafen und war stolz auf ihn. Sein geliebter T hatte sich als seetüchtig erwiesen und das Unglück heil überstanden. Doch was nützte der robusteste Telegraf ohne Telegrafenleitung?

Nach einigen Tagen unternahm man mit den reparierten Schiffen einen zweiten Versuch. Die Schiffe liefen zwar bei schönem Wetter aus, nachmittags jedoch kam erneut ein heftiger Nordwestwind auf, und im hohen Seegang misslang die Kabelverlegung erneut. Siebenunddreißig Meilen rollten sich unkontrolliert ab und versanken auf Nimmerwiedersehen auf dem Meeresgrund. Es fehlte eine geeignete Kabelbremse, mit der man das Abrollen des Kabels von der Kabeltrommel auch bei hohem Wellengang verlässlich hätte steuern können. Der Verlust des Kabels bedeutete das endgültige Aus für das Unternehmen. Die erste Expedition zur Vorbereitung der Atlantikkabel-Verlegung war gescheitert. Field und die Company hatten bei dem Neufundland-Desaster ein Viertel des für das gesamte Unternehmen zur Verfügung stehenden Kapitals verloren.

Die neuerliche Anfertigung des Kabels für den nächsten Versuch im St.-Lorenz-Golf würde mehrere Monate in Anspruch nehmen, das ganze Unterfangen war somit mindestens um ein Jahr zurückgeworfen.

Finleys Ruf als Prophet des Atlantikkabels war angekratzt. Doch was kümmerte ihn das? Schließlich hatte er im Laufe seines Lebens mehrfach erfahren, wie schnell man vom Helden zum Kasper werden konnte – aber auch vom Kasper zum Helden. Er selbst glaubte fest an das Atlantikkabel, nichts und niemand würde ihn davon abbringen können, und das Vertrauen in seinen Freund und Partner war ungebrochen.

Cyrus Field begab sich sofort auf die Suche nach neuen Investoren. Denn das von ihm zur Verfügung gestellte Kapital reichte für das gewaltige Abenteuer nun nicht mehr aus. Und da Field in Amerika keine weiteren risikofreudigen Partner auftrieb, reiste er nach London. Dort fand er mit seiner begeisterungsfähigen Art schnell Interessenten für das Unternehmen. Zu Beginn des Jahres 1856 gründete Field gemeinsam mit den beiden englischen Ingenieuren John Watkins Brett und Charles Bright die Atlantic Telegraph Company. Engländer und Amerikaner konnten Anteile an der britisch dominierten Telegrafengesellschaft erwerben, die auch von den Regierungen Englands und Amerikas unterstützt wurde.

Der erst fünfundzwanzigjährige Charles Bright war in Fields Augen ein großer Gewinn für die Sache, denn er brachte Erfahrung mit: Ihm war es schon 1853 gelungen, erfolgreich ein Unterwasserkabel zwischen Schottland und Irland zu verlegen. Finley und Field mussten anerkennen – wenn auch ein wenig neidvoll –, dass der junge Engländer etwas geschafft hatte, das ihnen noch nicht geglückt war. Umso wichtiger, den Mann mit ins Boot zu holen. Sie wollten nur die Besten um sich scharen.

In London erwarben Cyrus Field und seine neuen Gesellschafter auch die Patentrechte an einem Telegrafen, den der englische Musiklehrer David Hughes erfunden hatte und der aus einer klavierähnlichen Tastatur mit achtundzwanzig Tasten bestand.

Finley war irritiert. Was sollte das bedeuten? Sein eigener Telegraf könnte dabei ins Hintertreffen geraten. Er stellte seinen Partner sofort zur Rede.

Doch Field gelang es, den Freund zu beruhigen. Sie hätten das Konkurrenzprodukt nur vom Markt wegkaufen wollen, versicherte er Finley. Ein reiner Freundschaftsdienst, Finley solle ihn einfach als solchen hinnehmen. Er sei und bleibe sein enger Verbündeter. Und um es nicht bei abstrakten Beteuerungen zu belassen, lud Cyrus Field Finley und seine Frau Sarah auf eine Reise nach Europa ein. Dort könne Finley sich selbst von allem überzeugen, gleichzeitig für das Atlantikkabel werben und auf diese Weise die Wartezeit bis zum Start der großen Expedition sinnvoll überbrücken. Finley nahm mit Freuden an. Er wollte Sarah so gern etwas zeigen von der Welt. Wie wenig sie doch gesehen hatte bislang!

Finley war stolz auf seine Frau, obwohl sie aufgrund ihrer Behinderung die Öffentlichkeit scheute und er selten Gelegenheit fand, sie anderen vorzustellen. Er wusste, dass es ihr nicht leichtfiel, fremden Menschen zu begegnen. Sie war schüchtern und zurückhaltend, was ihm von Anfang an gefallen hatte. In der Zeit, in der er mit dem Morsealphabet berühmt wurde, hätte er genügend Frauen verführen können, die sich für den Witwer Samuel Finley B. Morse interessierten. Doch er war immun gewesen gegen die Avancen der eleganten Damen. Erst als er Sarah getroffen hatte, hatte es ihn wie ein Blitz durchfahren. Sie war eine ganz besondere Frau und wie für ihn geschaffen.

Sarah nahm die Nachricht der gemeinsamen Europareise mit Freuden auf. Denn solange ihr sorgsamer Mann mit ihr zusammen war, war alles gut, und sie fühlte sich geborgen.

Am 7. Juni 1856 verließen Sarah und Finley auf der *Baltic* New York. Finleys Nichte Louisa, die Tochter seines Bruders Richard, begleitete das Paar auf der Reise. Bei ruhiger See verlief die Überfahrt ohne Zwischenfälle.

Der Aufenthalt in London wurde zu Finleys persönlichem Triumph. »Ich besuchte eins der Telegrafenämter in der Innenstadt und fand meine Apparate in voller Beschäftigung vor!«, notierte er hocherfreut (II, S. 224).

Gebannt stand er mit Sarah vor den vielen Apparaten, die rund um die Uhr in Betrieb waren und die in seinem Alphabet über den Ärmelkanal Nachrichten nach Paris, Wien und in die ganze schöne Welt Europas hinaussandten und von dort empfingen. Hier sah er unmittelbar, wie sich die erfolgreiche Kabelverlegung der Engländer im Ärmelkanal auswirkte. Sie waren schneller zum Erfolg gekommen als Cyrus Field und er in Neufundland. Doch auch Field und er waren auf dem richtigen Weg. Und jetzt wollte er erst einmal das Erreichte genießen. Es war, als würde das ununterbrochene Tickern ihm ins Ohr flüstern: »Das ist deins, das ist alles deins!« Finley hätte es vorgezogen, ehrfurchtsvoll schweigend dem beredten Tickern zuzuhören und Gott dafür zu danken, doch die Telegrafisten ließen ihm keine Ruhe. Einer nach dem anderen kamen sie an, wollten sich mit ihm unterhalten und den Erfinder ehren.

London meinte es gut mit Finley. Auch sein einstiger Studienfreund und Mitbewohner Charles Leslie, der inzwischen im ganzen Land als Maler bekannt war, lud Finley und Sarah zu sich ein.
Die beiden Freunde schwelgten in Erinnerungen. Ihr Zusammen-
treffen musste mit einem feinen Scotch begossen werden. Sie tran-
ken auf ihre alte Freundschaft.

Beschwingt reiste Finley mit Sarah nach Paris weiter.

In Frankreich empfing man seine Frau und ihn warmherzig und
mit großem Respekt. Auf vielen französischen Strecken wurde
gerade das System von Louis Breguet durch das einfachere und
schnellere Morse-System ersetzt. Eine internationale Morse-Leitung war zwischen Frankreich und Deutschland eingerichtet worden. Zwanzig Jahre nach Erteilung des amerikanischen Patents
benutzten nun auch viele europäische Länder das Morse-System.

Der Geduldige wird belohnt, dachte Finley. Doch es sollte noch
zwei Jahre dauern, bis sich die europäischen Länder auf eine Vergütungsregelung für den Morse-Telegrafen einigten, von dem Finley in dem ihm zustehenden Maß profitierte.

Das größte staatliche Telegrafenamt in Paris hatte über zwanzig
Apparate in Betrieb. Finley besuchte das Amt am ersten Tag seines
Aufenthalts. Versonnen stand er mitten im Raum, strich sich mit
der Hand über seinen Bart und betrachtete das Treiben: »Zwanzig meiner eigenen Kinder (gut gelungen …), wie sie klappern und
plappern, wie in unseren amerikanischen Ämtern!« (II, S. 224).

Der Höhepunkt dieses Paris-Besuches war ein feierlicher Akt:
Finley wurde von Napoleon III. zum Ehrenritter der »Légion
d'honneur« ernannt. Tatsächlich bedeutete ihm diese Auszeichnung nicht so viel; am meisten freute ihn, dass er mit seiner Frau
Arm in Arm durch Paris wandern und ihr die Stadt zeigen konnte, die er als junger Künstler einst zu besuchen ersehnt hatte. Sie
besichtigten das Panthéon und bestaunten die Kunstschätze des
Louvre. Mitten auf der Pont Neuf blieben sie stehen und blickten

auf die Seine hinab. Wie in einem Märchen, dachte er, und dabei ist es mein eigenes Leben.

Indes gingen die Ehrungen weiter und führten die beiden von Frankreich nach Dänemark, wo Finley von König Friedrich VII. in seinem Schloss in Frederiksberg empfangen wurde. Der König bedauerte es zutiefst, des Englischen nicht mächtig zu sein, er hätte mit dem verehrten Mr. Morse nur zu gern ausführlich über Einzelheiten seines herrlichen Apparats gesprochen, ließ er den verdutzten Finley durch seinen Dolmetscher wissen und lächelte dabei sanft. Die Worte des Königs waren ernst gemeint. Er war tatsächlich ein Bewunderer des Morse-Telegrafen und hatte sich von seinem Schloss eine eigene Linie in die königliche Residenz in Kopenhagen legen lassen.

Auch die Dänen hatten vorher andere Systeme ausprobiert und sich dann für das einfache Morse-System entschieden.

In Kopenhagen besuchten Finley und Sarah das Haus, in dem der dänische Physiker Hans Christian Ørsted den Elektromagnetismus entdeckt hatte. Finley setzte sich an einen der Zeichentische und verharrte dort andächtig wie in einer Kirchbank, um Ørsted auf diese Weise seine Ehrerbietung zu erweisen.

»Ich betrat den Raum, in dem Ørsted seine wichtige Entdeckung gemacht hatte, ohne die meine Erfindung nicht möglich gewesen wäre. Heute ist es eine Zeichenschule« (II, S. 226).

Von Kopenhagen reisten Finley und Sarah weiter nach St. Petersburg – bequem per Bahn. In den letzten Jahren waren viele neue Bahnlinien durch Europa verlegt worden, und Finley war begierig, die Strecken kennenzulernen. Sarah liebte es, am Fenster zu sitzen und die Landschaften vorbeigleiten zu sehen. Die optischen Eindrücke nahm sie, da ihr der mündliche Austausch fehlte, umso intensiver wahr.

In St. Petersburg wurden sie in einer goldverzierten Kutsche vom Bahnhof abgeholt und zu ihrer Unterkunft gefahren, wo sie eine ganze Phalanx von Dienern empfing. Das Frühstück bekamen sie auf einem Silbertablett und in feinstem Porzellan serviert, und die Zimmer, die man ihnen zuwies, waren die elegantesten, die Sarah und Finley je gesehen hatten.

Das majestätische St. Petersburg beeindruckte Finley sehr. Er hatte die schönsten Städte Europas besucht und befand, »dass keine sich an Glanz und Schönheit mit St. Petersburg messen kann« (II, S. 226).

In einer kaiserlichen, von schwarzen Pferden gezogenen Kutsche wurden sie zum Zarenpalast gefahren. Die Menschen am Straßenrand nahmen beim Nahen des Hufgeklappers ihre Hüte ab und senkten ehrfürchtig den Kopf.

Vor fünfzehn Jahren hatte Finley Zar Nikolaus I. seinen Telegrafen angeboten, und der Zar hatte abgelehnt. Doch in Russland hatte man in verschiedenen Teilen des Landes Morses System all die Jahre über benutzt, ohne dass Finley dafür eine Vergütung bekommen hätte. Vor kurzem hatte Alexander II. die Macht übernommen, und der amerikanische Botschafter in Petersburg arrangierte ein Treffen zwischen ihm und Finley. Im Zarenpalast stellte der Zeremonienmeister dem jungen Zaren Samuel Finley B. Morse als »Mr. Moore« vor.

»Morse!«, verbesserte der ihn augenblicklich, ohne sich ans Protokoll zu halten. Und prompt kam die Antwort des Zaren: »Ah! Dieser Name ist uns hier wohlbekannt. In Russland wird Ihr Telegrafensystem benutzt!«

Finley fühlte sich sehr geehrt und verneigte sich zum Dank vor dem Zaren. Doch die Bemerkung nagte an seinem Herzen. War sie doch die Bestätigung dafür, dass er endlich tätig werden musste. In ganz Russland wurde sein System benutzt, und er hatte nichts davon! Finley heuerte den Agenten Frederic Van den Broek an; er sollte mit den russischen und europäischen Behörden verhandeln und die Angelegenheit für ihn regeln.

Doch es dauerte noch bis zum Jahr 1858, bis Russland gemeinsam mit neun anderen europäischen Ländern eine offizielle Vergütung für den Morse-Telegrafen beschloss.

Den Abschluss des Aufenthalts in St. Petersburg bildete ein Dinner, das im sogenannten »Englischen Palast« für Finley gegeben wurde. Fünf Butler empfingen Sarah und Finley und führten sie in den von Kerzenlicht erhellten Saal. Der mit weißen Blumen geschmückte Tisch war in Gold und Silber eingedeckt. »Drei Prinzen saßen mir gegenüber, ein österreichischer, ein ungarischer und ein deutscher. Zu meiner Rechten Prinz Esterházy neben Lady Granville und der schönen Lady Emilie Peel!« (II, S. 230).

Unter den Gästen befanden sich noch andere Grafen und Prinzen aus England, Frankreich, Österreich, Sardinien und Russland. Finleys Wangen röteten sich. Alle wollten von ihm etwas über seine Erfindung wissen. Bisweilen unterbrachen Ausrufe der Bewunderung den Fluss der gedämpften Unterhaltung. Finley musste sich in den Arm kneifen, um zu begreifen, dass dies alles – die feinen Speisen, der erlesene Wein – Wirklichkeit und kein Traum war.

Nach dem Essen erhoben sich Frauen und Männer gleichzeitig und verließen den Raum gemeinsam, nicht wie in England, wo sich die Frauen zurückzogen und nur die Männer sich noch zu einem Drink versammelten. Finley fand das höchst erstaunlich. Er blinzelte zu Sarah hinüber und erkannte an ihrem sanften Lächeln, dass es für sie durchaus in Ordnung war.

Von Russland reiste das Ehepaar Morse im August 1856 weiter nach Deutschland. Finley hatte sich beim preußischen Gesandten in Washington ein Empfehlungsschreiben für Alexander von Humboldt besorgt. Doch als er in Potsdam mit Humboldt zusammentraf, begrüßte dieser ihn mit den Worten: »Oh, Herr Morse, Sie brauchen keine Briefe. Ihr Name genügt als Empfehlung!«

Außerdem hätten sie sich ja vor vielen Jahren schon einmal in

Paris getroffen, 1838, als der noch unbekannte Samuel Finley B. Morse dort seinen Telegrafen vorführte.

Alexander von Humboldt schenkte Finley eine Fotografie von sich, an deren Rand er die Widmung schrieb: »Für S. F. B. Morse, den seine naturwissenschaftlichen und nützlichen Arbeiten in zwei Weltteilen berühmt gemacht haben. Mit Hochachtung und Zuneigung von Alexander Humboldt. Potsdam, August 1856« (II, S. 233).

Finley bedankte sich herzlich und versicherte dem Baron, er werde der Fotografie nach seiner Rückkehr in der Bibliothek in Locust Grove einen Ehrenplatz einräumen.

Ende September kehrte Finley mit Sarah und seiner Nichte nach England zurück, um den Versuchen beizuwohnen, die der junge Charles Bright und der Physiker Edward Whitehouse dort seit geraumer Zeit mit dem Atlantikkabel durchführten. Die von Charles Bright geleiteten Versuche widerlegten die Vermutung, der Strom werde im Kabel unter Wasser durch Gegenströme aus dem Umkreis erheblich gestört oder geschwächt. Zudem hatte man befürchtet, dass der Stromschwund bei einem extrem langen Kabel besonders auffällig sein könnte.

»Die Experimente von Dr. Whitehouse und Mr. Bright, denen ich heute Morgen beiwohnen durfte, zeigten, wie die Induktionsspulen und Empfangsmagneten, die mein Gerät in Gang setzen, von den beiden Herren verändert wurden. Sie verliefen zu meiner großen Zufriedenheit und beseitigten alle meine Zweifel, was die Durchführbarkeit und die Nutzung des Telegrafen zwischen Neufundland und Irland betrifft«, notierte Finley (II, S. 233).

Den Strom hatte man halbwegs im Griff. Blieb das Problem des Kabels. Denn das Seekabel musste äußerst robust gebaut sein, fest und unzerreißbar und dennoch elastisch und leicht auszulegen.

Eine der wenigen Firmen, die ein über zweitausend Meilen langes Kabel überhaupt herstellen konnten, war die Glass & Elliot Company.

»Die Zweifel sind zerstreut, die Schwierigkeiten überwunden«, schrieb Finley guter Dinge an Field. »Der Erfolg ist in Reichweite, und das große Ereignis des Jahrhunderts wird bald vollbracht sein.« Finley wusste, dass er damit ein wenig übertrieben hatte. Es blieb noch vieles zu tun. Weder war die Abrolltechnik genügend erprobt, noch war das Kabel ausreichend unter Wasser getestet worden. Der Meeresboden entlang der geplanten Leitungsstrecke zwischen Irland und Neufundland war zwar erforscht und ausgelotet worden – das Kabel sollte nicht tiefer als zweitausend Faden liegen –, doch die meisten Probeläufe der elektrischen Impulse durch das Kabel hatten als Trockenübungen stattgefunden. Aber Finley war wild entschlossen und wollte dem erwartungsvollen Field auf Teufel komm raus Erfolgsmeldungen zukommen lassen. Außerdem glaubte er selbst fest an den Erfolg.

Die britische Regierung bot an, ein Kriegsschiff für die Kabelverlegung zur Verfügung zu stellen. Die Londoner Presse stand dem Vorhaben optimistisch gegenüber; in der *Times* freute man sich darüber, »England und Amerika in einem für beide Nationen so ehrenwerten Projekt vereint zu sehen«.

Zum Abschied von London organisierten mehrere englische Telegrafengesellschaften ein Essen für Finley und Sarah Morse in dem vornehmen Alboin-Hotel. Sein ehemaliger Konkurrent Wheatstone hatte auch eine Einladung erhalten, war aber nicht erschienen. Vor dem Dinner wurden drei Lobreden auf Finley gehalten. Er wollte mit einer kurzen, bescheidenen Dankesrede antworten, doch seine Worte gingen in tosendem Applaus unter. So blieb ihm nichts anderes übrig, als die Arme zu heben und sich vor der winkenden und klatschenden Menschenmenge lächelnd zu verneigen. Er war auf dem Zenit seines Erfolges. In London gefeiert zu werden, war sein größter Triumph. Hier war 1838 sein

Patentansuchen abgewiesen worden. Und nun hatte sich sein System gegenüber denen seiner englischen Konkurrenten durchgesetzt. Es fühlte sich für Finley an, als seien die guten alten Zeiten, in denen er die Medaille für seinen »Herkules« gewonnen hatte, wiedergekehrt.

Doch zurück in Amerika erwartete Finley nichts als Ärger. Die neue britisch dominierte Atlantic Telegraph Company zielte darauf ab, gemeinsam mit der älteren amerikanischen Gesellschaft von Cyrus Field den angloamerikanischen Markt zu beherrschen. Finley war selbstverständlich davon ausgegangen, mit Anteilen an der von Field neu gegründeten Firma beteiligt zu sein, zumal er auch sein System kostenfrei zur Verfügung stellte. Stattdessen bot ihm Cyrus Field lediglich an, er könne, wenn er wolle, Anteile an der Atlantic Telegraph Company erwerben, wie jeder andere Amerikaner auch. Finley teilte seinem Freund Cyrus umgehend und in aller Offenheit seine Irritation darüber mit. Doch Field blieb ungerührt bei seinem Angebot.

Darüber ärgerte sich Finley umso mehr, als im Kongress die ansehnliche Summe von siebzigtausend Dollar für die staatliche Nutzung der Leitungen von Fields Konsortium beschlossen worden war. Und er sollte von dieser Unterstützung gar nichts haben? Er musste »wie jeder andere Amerikaner auch« Anteile an seiner eigenen Erfindung erwerben? Das war die Höhe! Hier braute sich etwas zusammen. Noch aber hoffte Finley auf eine Wendung zum Guten.

Die amerikanische Marine stellte für die transatlantische Kabelverlegung die *Niagara* zur Verfügung, die englische Regierung die *Agamemnon*. Die wichtigsten Zeitungen des Landes bezeichneten das Unternehmen als das »große Projekt des Jahrhunderts« und kündigten vollmundig die »bedeutendste Seereise seit Kolumbus« an.

149

Sein guter Freund Amos Kendall warnte Finley vor der Teilnahme. Er habe Cyrus Field sowieso nie getraut und sehe sein ursprüngliches Misstrauen nun bestätigt. Das winkende Millionengeschäft Atlantikkabel lasse Field all seine freundschaftlichen Verpflichtungen vergessen, meinte Kendall.

»Ich flehe Dich an, gib den Plan auf, bei der Kabelverlegung dabei zu sein. Deine echten Freunde können nicht verstehen, warum Du Deine Zeit, Deine Arbeit und Deinen Namen dafür hergibst. (…) Was Field betrifft, ich habe in ihn genauso wenig Vertrauen wie in F. O. J. Smith« (Brief von Amos Kendall, 4. Januar 1857, II, S. 237).

Finley jedoch schlug die Warnungen des Freundes in den Wind. Er wollte nicht zu Hause bleiben. In dem Moment, in dem seine Vision Wirklichkeit würde, musste er dabei sein!

So fuhr Finley, eben erst aus Europa zurückgekehrt, im April 1857 auf der *Niagara* erneut nach England, um die Ladung des Kabels zu überwachen und die Expedition von Beginn an zu begleiten. Cyrus Field würde später nachkommen – wenn die Schiffe für die große Mission aus den Häfen ausliefen. Sarah war zu Hause geblieben und hatte Finley das Versprechen abgenommen, ihr zu schreiben, sooft er nur irgendwie Zeit fand.

In Neufundland waren die Vorbereitungen für die transatlantische Kabelverlegung zufriedenstellend verlaufen. Während Finley mit Sarah durch Europa gereist war, hatte man die Landstraßen und Telegrafenmasten fertiggestellt. Am 10. Juli 1856 war das Dampfschiff *Propontis* mit dem neu angefertigten Seekabel an Bord ausgelaufen. Die Kabelverlegung zwischen der Insel Neufundland und dem kanadischen Festland hatte fünfzehn Stunden gedauert und war erfolgreich zu Ende geführt worden. Das große Abenteuer des Atlantikkabels konnte tatsächlich beginnen.

Die *Niagara*, ein Dampfschiff mit Segeln, von dem bekannten Schiffsbauer George Steers entworfen, war das edelste Kriegsschiff, das Amerika zu bieten hatte: dreihundertfünfundsiebzig Fuß lang

Abrollen des Kabels von der Niagara

und sechsundfünfzig Fuß breit, mit einem entsprechend großen Maschinenraum und mit prächtigen Kanonen ausgestattet. Die Geschütze waren jedoch zum Großteil abmontiert worden, um für die Kabeltrommeln Platz zu schaffen.

Hunderte von Schaulustigen begleiteten die Ankunft der *Niagara* in England. Reich beflaggte Fischkutter, Linienschiffe, Jachten und Boote fuhren dem berühmten Dampfer entgegen. Bauern, Fischer, Seeleute und Adlige schwenkten ihre Taschentücher und jubelten der *Niagara* zu. Es kam nicht oft vor, dass Finley dem Künstlerleben nachweinte, doch bei dem Anblick der vielen bunten Schiffe und der begeisterten Menschen überfiel ihn plötzlich der Wunsch, wieder zu malen. Er hätte seine Staffelei mitnehmen sollen und die Farben, um die fröhliche Stimmung festzuhalten. Zeit genug hätte er an Bord wohl gehabt. Aber wie lange hatte er kein Bild mehr gemalt!

Die Route für die lang ersehnte Kabelverlegung stand fest. Die amerikanische *Niagara* und die britische *Agamemnon* sollten jeweils die Hälfte des insgesamt nötigen Kabels an Bord laden. Denn für ein einziges Schiff wäre es unmöglich gewesen, das zweitausendfünfhundert Meilen lange, tonnenschwere Kabel zu transportieren. Ein erster Plan sah vor, dass beide Schiffe mit der geteilten Fracht bis zur Mitte des Ozeans fahren sollten. Im fernen Atlantik, wo die nächste Küste in Richtung Osten und auch in Richtung Westen über tausend Seemeilen weit entfernt liegt, an der tiefsten Stelle, wo sich der Ozean über zweitausend Faden in die Tiefe öffnet, würden die beiden Kabel miteinander verspleißt werden und die Schiffe in entgegengesetzter Richtung wieder davondampfen, die *Agamemnon* mit Kurs auf Irland, die *Niagara* gen Neufundland. Sobald sie sicher angelegt hätten, würden die Kabelenden an die bereitstehenden Telegrafenmasten von Europa und Amerika angeschlossen, und die Verbindung zwischen den Kontinenten wäre hergestellt. Wie einfach und logisch es klang! Finley zweifelte keine Sekunde am Gelingen der Expedition.

Ursprünglich war die *Niagara* dafür vorgesehen gewesen, das Kabel, das in Greenwich von Glass & Elliot hergestellt worden war, aufzunehmen. Doch das Schiff war zu lang und konnte an der Fabrik nicht anlegen. Außerdem stellte man jetzt erst fest, dass der Stauraum für die gigantischen Kabeltrommeln nicht ausreichte. Also schickte man die *Niagara* erst noch nach Portsmouth, wo sich über ein Dutzend Werftarbeiter daranmachten, in wochenlanger harter Arbeit die Inneneinrichtung des Schiffes nahezu komplett auszubauen, um Raum für das Kabel zu schaffen. Fünf Kabelrollen wurden schließlich im Schiffsinneren horizontal aufgestellt und miteinander verbunden. Eine ausgeklügelte Maschinerie war für das Fieren des Kabels zuständig. An Deck brachte man eine turmhohe Kabeltrommel an.

Gemeinsam mit Edward Whitehouse begann Finley das Kabel zu prüfen. Sie sandten Signale durch die Gesamtlänge und testeten die Durchlässigkeit und Geschwindigkeit. Für ihre Versuche

Kabeltrommel auf dem Schiffsdeck

benutzten sie eine 24-Platten-Zink-Silber-Batterie und handliche Morse-Geräte, die der Berliner Ingenieur Werner von Siemens gebaut hatte. Ihr größtes Problem war das Sendetempo. Zwanzig Wörter in sechzehn Minuten, mehr schafften sie nicht – und das war zu wenig. Sie mussten schneller werden!

Edward Whithehouse sollte die Expedition als leitender Elektriker auf der *Niagara* begleiten. Doch am Ende der Probephase erkrankte Whithehouse, er sagte seine Teilnahme ab und übertrug Finley einen Großteil der Verantwortung. Charles Bright leitete die Expedition als hauptverantwortlicher Ingenieur.

Während der Testphase mit dem Kabel wurde der gesamte Ablauf der Kabelverlegung nochmals geändert. Der neue Plan sah vor, dass nicht erst beide Schiffe die halbe Strecke ohne Verlegungsarbeiten zurücklegen sollten. Die *Niagara* würde gleich nach dem Ablegen in Valentia Island, Irland, mit dem Verlegen des Kabels beginnen. In der Mitte des Atlantiks sollte, wie vorgesehen, das

Kabel der *Niagara* mit jenem der *Agamemnon* verbunden werden, und während die *Niagara* leer zurückfuhr, würde die *Agamemnon* den Rest des Kabels, den sie geladen hatte, bis nach Trinity Bay, Neufundland, verlegen.

Finley begrüßte diese neue Variante, denn so konnte er selbst das gesamte Kabel während der Fahrt auf Stromdurchlässigkeit testen.

In Liverpool ging nun auch Cyrus Field an Bord. Die Stimmung zwischen Finley und ihm war merklich abgekühlt, aber die allgemeine Euphorie steckte sie an und ließ sie ihren jüngsten Zwist beiseiteschieben.

Unter Salutschüssen, Kanonenfeuer und dem Jubel von zweitausend Menschen, die ihre Hüte und weißen Taschentücher schwenkten, liefen die *Niagara* und die *Agamemnon* frühmorgens am 6. August 1857 aus.

Der Beginn der Kabelverlegung wurde als Volksfest begangen. Jeder erklimmbare Felsen war von Zuschauern besetzt. Und jeder Einzelne, der mit dabei war, fühlte sich in diesem Augenblick als Handlanger der Weltgeschichte.

Finley wollte Sarah ausführlich an dem großen Abenteuer teilhaben lassen und schrieb ihr, wie versprochen, in jeder freien Minute.

»Gestern früh verließen wir Liverpool, wie wir es vorhatten. Als wir die Kriegsschiffe im Hafen passierten, jubelte man uns zu und deutete auf die zu unseren Ehren gehissten Fahnen. Riesige Menschenmengen drängten sich auf den Schiffen und winkten uns, während wir langsam und feierlich an ihnen vorbeisegelten. Zwei Dampfschiffe geleiteten uns aus dem Hafen und kehrten wieder um, sobald wir das offene Meer erreicht hatten. Wenn alles gut läuft, hoffen wir, Neufundland in zwanzig Tagen zu erreichen. Und in der ersten Septemberwoche werde ich wieder in meinem geliebten Zuhause und bei Dir sein« (II, S. 238).

Die Kabelverlegung, die in Valentia Island begann, wurde in den

Zeitungen ausführlich kommentiert. Die Journalisten beschworen die Freundschaft zwischen den beiden Nationen USA und England, die mit dieser Unternehmung besiegelt werde.

Die *Niagara* war keine fünf Seemeilen vom Land entfernt, als das Kabel riss. Das Schiff war gezwungen, umzudrehen und in der Bucht zu ankern, damit das lose Ende vom Meeresgrund geborgen werden konnte. So hatte Finley sich den Start nicht vorgestellt. Aufmerksam verfolgte er die Bergungsarbeiten, die gut vorangingen. Zwei Tage später lief die *Niagara* erneut aus, diesmal mit geringerer Fahrt, um das Risiko des Kabelbruchs zu senken. Am ersten Tag wurden fünfundachtzig Meilen verlegt, in einer Tiefe zwischen achtzig und zweihundert Faden.

Finley stand an der Reling und hörte die Takelage über sich surren. Hinter ihm stieß der Schornstein des riesigen Schiffes schwarzen Rauch aus. Endlich war die Expedition unterwegs! Das Kabel sollte die große Errungenschaft einer neuen Epoche werden, und er, Samuel Finley B. Morse, war daran beteiligt. Künftig würden die Wörter übers Meer nur so hin und her fliegen!

Das Schiff nahm tüchtig Fahrt auf und rollte das Kabel in den nächsten vierundzwanzig Stunden ohne größere Zwischenfälle in den Ozean ab. Finley telegrafierte an den an Land gebliebenen Whitehouse: »214 Meilen abgerollt. Alles gut. Schöner Tag.«

Je klarer Finley die Größe dieses Unternehmens vor Augen stand, desto kleiner fühlte er sich, und er betete zu Gott, dass er der *Niagara* für ihre Mission einen Schutzengel schicken möge.

Doch schon am darauffolgenden Tag schien der Himmel wieder nichts Gutes zu verheißen. Schwarze Wolken zogen auf, und der Wellengang wurde stärker. Das Schiff machte fünf Knoten und näherte sich der bislang tiefsten Stelle im Ozean. Zweitausend Faden tief musste das Kabel verlegt werden – eine große Herausforderung für die Abspultechnik. Gerade dafür hätten sich Kapitän und Besatzung eine ruhige See gewünscht, doch die Brise frischte bedrohlich auf.

Der Wind heulte durch die Takelage. Gewaltige Brecher schlugen gegen den Rumpf der *Niagara,* und die Gischt spritzte über das Deck. Die Matrosen hatten große Mühe, die Segel einzuholen. Mit den blanken Masten, die sich wie winzige Zahnstocher gegen den Himmel abhoben, war das große Schiff, so meinte Finley, dem Wind und den Wellen nackt und schutzlos ausgeliefert. Wenn das nur gut ging. Wo blieb bloß der Schutzengel? Bei jeder hohen Welle spannte sich das Kabel, das über das Heck ins Wasser gelassen wurde, auf beängstigende Weise. Im Wellental hingegen erschlaffte es zu sehr. Das Schiff machte nur mehr drei Knoten, aber das Kabel spulte sich mit einer Geschwindigkeit von vier bis fünf Knoten ab.

Alle Ingenieure und Techniker, Elektriker, Vertreter der Telegrafengesellschaft, Berichterstatter und die Beobachter der französischen und russischen Regierung hatten sich an Deck versammelt und starrten gemeinsam auf die Kabeltrommel. Man konnte nur hoffen, dass die Mechanik dem Sturm standhalten würde.

»Heute vor dreihundertfünfundsechzig Jahren war auch Kolumbus auf dem Meer unterwegs. Es war seine erste große Fahrt, und er entdeckte dabei Amerika«, warf Finley ein, um die Männer und sich selbst abzulenken. Doch niemand sagte etwas.

Das Meer lag einsam vor ihnen, kein einziger Punkt war am dunklen Horizont auszumachen. Die *Agamemnon* und die Begleitschiffe waren außer Sicht geraten.

Der Anblick all der Seile, Bündel, Flaschenzüge, der Fässer, Kessel, Bojen, Zahnräder, Walzen aus Holz und Eisen an Deck der *Niagara* wirkte beruhigend auf Finley. Das ganze Zeug musste doch zu etwas gut sein. Der Mensch sollte mehr Vertrauen in die Dinge haben, und mehr Gottvertrauen.

Beim Abendessen erzählte man sich Seemannswitze. Nach dem Essen begab sich Finley in seine Kabine unter Deck und lauschte dem gleichmäßigen Geräusch des großen Zahnrads über ihm. Zeit, in seinem Tagebuch zu notieren: »Das Kabel wird gerade in großer Tiefe in sein Bett im Ozean gelegt, und es ist nicht viel anders als in flachen Gewässern« (II, S. 243).

Der Sturm heulte unverändert. Und die großen Wellen machten es ihm unmöglich, weiterzuschreiben. Mit sehnsüchtigen Gedanken an seine junge Frau legte sich Finley in seine Koje. Läge sie doch in diesem schwierigen Augenblick neben ihm … Um halb vier Uhr morgens weckten ihn Schreie und lautes Getrampel. Er warf sich schnell seinen Mantel über und eilte hinauf. An Deck herrschte heilloses Chaos. Die Maschine hatte gestoppt, und die Kabeltrommelbremse hatte versagt. Das Kabel war aus der Garbe gelaufen und gerissen. Dreihundert Meilen Kabel verschwanden in diesem Moment auf Nimmerwiedersehen im Schlund des Atlantiks. In den tiefen Gewässern und bei dem Sturm war es unmöglich, das Kabelende am Meeresgrund zu bergen. Die Expedition war endgültig zu Ende.

Der Stern der *Niagara* versank in dieser Augustnacht in den Tiefen des Meeres. Finley blickte sprachlos auf die dunkle, bewegte See, die wie ein hungriges Monster all seine Hoffnungen schluckte. Unter den Passagieren herrschte eine sprachlose Trauer, gerade so, als sei die ganze Mannschaft über Bord gegangen.

Um seine maßlose Enttäuschung zu verbergen, zog sich Finley in seine Kajüte zurück und legte sich, wie er war, im Mantel hin. Schlaf hilft gegen Traurigkeit, dachte Finley, aber er fand keinen.

Am nächsten Tag hatte sich der Sturm gelegt. Unschuldig spannte sich der blaue Himmel über ihnen, nur der Wellengang erinnerte noch an das Unwetter. Mit der Flagge auf halbmast nahm die *Niagara* wieder Kurs auf Europa. Die *Niagara* und die *Agamemnon* liefen den Hafen von Devonport in England an. Dort wurde das restliche Kabel von den Schiffen entladen.

So leicht würden sie sich nicht unterkriegen lassen, beteuerte ihm Cyrus Field, kaum dass sie angelegt hatten. An Bord war es nicht mehr zu einer Aussprache zwischen den beiden gekommen. Finley wartete darauf, dass Field ihm die Geschichte mit den Anteilen schlüssig erklärte; der aber dachte nicht daran. Nach der gescheiterten Expedition reiste er umgehend nach London, um mit den Gesellschaftern der Atlantic Telegraph Company zu beraten, wie es weitergehen sollte. Die Abspulmechanik musste verbessert, neues Kabel hergestellt werden. Das alles würde viel Zeit beanspruchen. Im Herbst war zudem das Wetter zu unbeständig für eine Atlantiküberquerung, wie man schmerzvoll hatte erfahren müssen.

Finley schrieb an Sarah, dass er früher zurückkomme, weil die Expedition gescheitert sei, gab ihr gegenüber aber einen optimistischen Ausblick: »Mit unserem Unfall zögert sich das Unternehmen hinaus, aber es wird nicht aufgegeben. Ich habe gesehen, dass es machbar ist, und eines Tages wird es sicher gelingen« (13. August 1857, II, S. 243).

Er wusste, dass Sarah auf ihn wartete. Wenigstens eine freute sich über die misslungene Aktion.

Öffentlich äußerte Finley sich nicht zu dem Missgeschick. Er zwang sich, Haltung zu bewahren und in die Zukunft zu blicken. Es würde ein nächstes Mal geben, denn Cyrus Field würde nicht aufgeben, bevor das Ziel erreicht war. Und er, Finley, glaubte fest an das Atlantikkabel, auch wenn man noch so viele Anläufe unternehmen müsste. Irgendwann würden die ersten Morsezeichen durch das verflixte Kabel sausen und die Kommunikation zwischen der Alten und der Neuen Welt eröffnen.

Cyrus Field entschied, dass die nächste Expedition genau ein Jahr später, im Sommer 1858, starten sollte. Doch Finleys Anwesenheit, das machte Field ihm deutlich, war dabei nicht mehr eingeplant. Es war ein klarer Affront, denn Field wusste, wie sehr Finleys Herz an dieser Unternehmung hing. Finleys Stolz ließ es nicht zu, den Partner um etwas zu bitten. Er hatte so viel Zeit und Energie in das Atlantikkabel investiert, dass er für sich das Recht in Anspruch nahm, auch an der zweiten Kabelexpedition teilzunehmen.

Doch als es so weit war, blieb die Einladung aus. Die Freundschaft zwischen den beiden hatte einen tiefen Riss bekommen. Dass ihn die Atlantic Telegraph Company auch noch zum Ehrenmitglied der Unternehmung ernannte, empfand Finley geradezu als Hohn. Das ließ er lieber unkommentiert. Kurz angebunden telegrafierte er an Field und wünschte ihm viel Erfolg. Dann machte er sich daran, die zweite Kabelexpedition aus seinen Gedanken zu verbannen. Und was wäre dazu besser geeignet als wieder eine Europareise?

Im Juli 1858 segelte Finley auf dem Dampfer *Fulton* los. Diesmal waren Sarah, die jüngeren Kinder und die Schwiegermutter dabei. Mit der Familie zu reisen, war eine neue Erfahrung für Finley. An Unabhängigkeit beim Reisen gewöhnt, musste er nun Rücksicht auf so viele verschiedene Bedürfnisse nehmen.

In Paris wurde Finley erneut mit herzlichen Ehrerbietungen begrüßt. Man wollte der Familie Morse den Aufenthalt so angenehm wie möglich gestalten. Die vielen Einladungen, die er erhielt, vermochte Finley gar nicht alle anzunehmen. Man hatte ihm eine Kutsche bereitgestellt, damit er jederzeit Ausflüge mit seiner Familie unternehmen konnte.

Wenige Tage nach ihrer Ankunft in Frankreich kam über den Morse-Telegrafen die Nachricht, dass es Cyrus Field gelungen war, durch den Atlantik die erste telegrafische Nachricht zu senden. Noch war man nicht am Ziel, aber die Expedition schien erfolgreich zu verlaufen, und die Sache holte Finley ein, kaum dass er meinte, ihr entflohen zu sein.

Ende Juli 1858 hatten sich die *Niagara* und die *Agamemnon* mit neuem Kabel und verbesserter Technik wieder auf den Weg gemacht, und diesmal gelang es – wenngleich Kabelbrüche, -verluste und andere Missgeschicke wiederum nicht ausgeblieben waren –, die beiden Kabelenden miteinander zu verbinden und die Expedition ohne weitere Zwischenfälle zu Ende zu führen. Am 5. August erreichte die *Niagara* Neufundland und die *Agamemnon* Irland. Am 16. August wurde von Königin Victoria die erste offizielle Kabelmeldung an den amerikanischen Präsidenten James Buchanan gesendet. Es waren die Zeilen, die Finley für die erste Expedition ausgewählt hatte: »Europa und Amerika sind durch den Telegrafen verbunden. Ehre sei Gott in der Höhe und Friede den Menschen auf Erden.«

Finley versetzte die Meldung in eine schwermütige Stimmung. So lange hatte er darauf hingearbeitet, und nun war er im entscheidenden Moment nicht dabei gewesen. Die ganze Welt beging das Ereignis euphorisch: In Detroit wurde eine lange Fackelprozession organisiert, in Boston erklangen Salutschüsse und Glockengeläut, in Pittsburgh fand eine nächtliche Regatta statt. Die New Yorker schlossen ihre Geschäfte und entzündeten Freudenfeuer auf den Straßen. Zeit zum Feiern! Millionen Menschen waren endlich durch den atlantischen Telegrafen miteinander verbunden! Und obwohl Finley selbst an der Expedition nicht teilgenommen hatte, war der Name Morse in aller Munde.

Die Pariser Gesellschaft ehrte Finley mit einem großen Bankett. Der Senator von Massachusetts, Charles Sumner, hielt eine begeisterte Rede und sprach von dem Morse-Telegrafen als einer der »größten Errungenschaften der Zivilisation«.

Finley verneigte sich vor den Gästen. Er erlaubte sich bei dieser Gelegenheit, an seine Prophezeiung zu erinnern, eines Tages werde es möglich sein, über den Atlantik zu telegrafieren. »Mein Traum ist Wirklichkeit geworden.« Damit beendete er seine kurze Dankesrede, und das Publikum erhob sich zu Standing Ovations. Doch hatte diese neue Wirklichkeit nicht lange Bestand. Denn weniger als drei Monate nach der ersten transatlantischen Übertragung brach die Verbindung zusammen. Siebenhundertzweiunddreißig Nachrichten waren zwischen der Alten und der Neuen Welt hin- und hergesandt worden. Dann war Schluss. Am 20. Oktober 1858 kam das letzte Wort an: »*forward*« (vorwärts).

Wieder ein Rückschlag. Und welch Ironie des Schicksals, dass es ausgerechnet mit dem Wort »*forward*« zu Ende sein sollte! Die Nachricht erreichte Finley zu einem Zeitpunkt, in dem er schwer gegen familiäre Zwänge ankämpfte. Er fühlte sich angespannt in Paris, ständig musste alles abgestimmt und mit der Familie besprochen werden. Wie sehr wünschte er sich in manchen Momenten, er wäre allein! Seinen Sohn Arthur hatte er mit Sarahs Mutter bereits nach Genf gebracht, wo die beiden eine Zeit lang bleiben sollten. Doch immer noch war er weit davon entfernt, sich so unabhängig bewegen zu können wie auf früheren Reisen.

Seinem Vertrauten, dem Bruder Sidney, klagte er sein Leid: »Es war ein großer Fehler, meine Familie mitzunehmen. Ich habe kaum einen Moment für mich und bin äußerst erschöpft von Kummer und Sorgen. (…) Wie müde bin ich es, so zu reisen, und wie sehr sehne ich die Ruhe von Locust Grove herbei!« (3. September 1858, II, S. 253).

Doch bevor es endlich wieder nach Hause ging, ins geliebte Locust Grove, stand Finley noch der Besuch bei seiner Tochter Susan in Puerto Rico bevor. Sarah und er wollten mit Cornelia, Willie und Edward den Winter dort verbringen, während Arthur mit der Schwiegermutter in der Schweiz geblieben war.

Im November segelten Finley, Sarah und die Kinder von Southampton, England, aus los. Während der ganzen Überfahrt wünschte Finley, er hätte die Reise nicht geplant und könnte früher in sein ruhiges Heim zurückkehren. Andererseits hatte er Susan noch nie in Puerto Rico besucht, wohingegen sie schon mehrere Sommer in Locust Grove verbracht hatte. Das ihr schon vor Langem gegebene Versprechen eines Besuchs konnte und wollte er nicht brechen. England hatten sie in dicken Mänteln und Pullovern verlassen, doch während der Überfahrt wurde die Kleidung immer dünner. Auch die schweren Wolldecken wurden durch leichtere und schließlich nur mehr durch Laken ersetzt. Sie waren in eine für Finley neue Klimazone gelangt. Die Wärme war ihm angenehm und söhnte ihn mit der Fernreise aus. Und bei der Einfahrt in den Hafen von St. Thomas, Puerto Rico, war Finley schier überwältigt vom Anblick der Oleander, Kokosnuss- und Granatapfelbäume und all der anderen tropischen Pflanzen, deren Namen er nicht kannte. Es war das erste Mal, dass Finley in ein tropisches Land kam. Diese pralle Natur, mitten im Dezember! Viele neue Eindrücke stürmten auf ihn ein, und als er an Land ging, war seine Sehnsucht nach dem heimischen Locust Grove verflogen.

Ein kleines Boot brachte sie weiter nach Arroyo, wo Susan, ihr Mann Edward und ihr Sohn Charles am Steg Taschentücher schwenkten und ungeduldig darauf warteten, dass sie endlich anlegten. An ihrem Haus wehte zur Begrüßung die amerikanische Fahne. Die Sonne brannte auf ihre Häupter, Finley war um den Strohhut froh, den Sarah fürsorglich für ihn eingepackt hatte. Glücklich schloss er Susan in die Arme. Charles führte seinen Großvater durch den Garten und erklärte ihm die tropischen Pflanzen und Bäume. Finley und Sarah bekamen ein elegantes Zimmer unter dem Dach zugewiesen, mit Blick auf das weite Land. Finley war überrascht über den guten Zustand, in dem er das Anwesen seines Schwiegersohns vorfand. Edwards tausendvierhundert Morgen große Zuckerrohrplantage wurde von Sklaven bearbeitet. Das, was er sah, bestärkte Finley in seiner Befürwortung der Sklaverei. Niemand sei für physische Arbeit so geeignet wie Schwarze, erklärte er während des Abendessens, und keiner in der Familie widersprach ihm. Erst viel später würden die Söhne eine eigene Meinung zu dem Thema Sklaventum entwickeln, die sich von der Ansicht des Vaters unterschied.

Es sprach sich herum, dass Morse im Lande war. Der Gouverneur von Puerto Rico empfing ihn bei sich zu Hause, und mehrere lokale Politiker ehrten ihn mit Festessen, Reden und Empfängen.

Während seines Aufenthalts in Puerto Rico wurde Finley zum Mitglied der Königlichen Akademie Schwedens ernannt. Die ehrenvolle Neuigkeit erfuhr er durch seinen Telegrafen. Denn von der größeren Stadt Guayama zum Haus seines Schwiegersohns in dem kleinen Ort Arroyo hatte er sich eine Telegrafenlinie legen lassen, sodass die neuesten Nachrichten durch den heißen Draht direkt zu ihm drangen, nachdem sie per Schiff eingetroffen waren. Die vier Meilen lange Leitung war die erste Telegrafenleitung auf der karibischen Insel. Zu ihrer Eröffnung organisierten die Inselbewohner ein großes Fest. Finley galt in Puerto Rico als amerikanische Berühmtheit, und er genoss diese tropische Feier zu seinen Ehren, an der auch Geschäftsleute und Politiker teilnahmen. Die exotischen Früchte und Getränke, die üppige, lebensbejahende Vegetation, welch eine Sinnesfreude! Carpe diem!

In dem großen Haus hatte Finley nun auch die Rückzugsmöglichkeit, die ihm auf der Europareise so sehr gefehlt hatte. Oft saß er in dem Zimmer unter dem Dach an seinem Schreibtisch, schrieb Briefe und dachte an die letzten Jahre. Auf den Rat seines Freundes Amos Kendall hin hatte er seine Aktien der kleineren Telegrafenlinien verkauft und dafür Anteile an der großen American Telegraph Company erworben. Kendall und er gehörten zu den Hauptaktionären. Die Gesellschaft kaufte alle Linien entlang der atlantischen Küste auf, zwischen Boston und New York betrieb sie allein sieben. Inzwischen hatten die drei anderen Inhaber des Morse-Patents beschlossen, ihre Rechte zu verkaufen, da die Gültigkeit des Patents 1861 auslief und eine Verlängerung ungewiss war.

Kendall hatte Finley gut beraten. Dass er die richtigen Aktien erworben hatte, sollte sich im Laufe der nächsten Jahre herausstellen.

Über seine private Telegrafenlinie in Puerto Rico erreichte Finley die traurige Nachricht vom Tod seines langjährigen Weggefährten Alfred Vail. Zwölf Jahre hatten sie eng zusammengearbeitet und viele Kämpfe gemeinsam ausgestanden. Wie stolz waren sie auf ihren Erfolg der Washington-Baltimore-Linie gewesen!

Alfred Vail starb im Alter von einundfünfzig Jahren als armer Mann, denn er hatte alle seine Einkünfte verbraucht, um das Leben mit seiner zweiten Frau Amanda und seinen drei Söhnen zu finanzieren.

Im Schatten des Pfefferbaumes dachte Finley über seine eigene finanzielle Lage nach. Dank der Vergütungsregelung, zu der sich in Paris zehn Vertreter europäischer Länder zusammengefunden hatten, war sie gar nicht so schlecht. Die Regierungsvertreter von Frankreich, Belgien, Holland, Schweden, Österreich, dem Vatikan, dem Piemont, der Toskana, Russland und der Türkei waren übereingekommen, ihm eine Gesamtsumme von vierhunderttausend Francs zu bezahlen. Den größten Anteil übernahm Frankreich, welches im ganzen Land über vierhundertzweiundsechzig Morse-Apparate verfügte; am wenigsten musste die Toskana bezahlen, dort waren nur vierzehn Apparate im Einsatz.

»Wir haben endlich Geld genug!«, rief Finley aus und versprach Sarah, ihr künftig alle Wünsche zu erfüllen.

Im April 1859 kehrten Finley, Sarah und die drei Kinder in die USA zurück. Zu Hause am Hudson wurde die Familie Morse mit einem Volksfest empfangen. Finley hatte mittlerweile zu große Berühmtheit erlangt, um unerkannt kommen und gehen zu können. Das Empfangskomitee in Poughkeepsie hieß ihn »in seiner Heimat und seinem Adoptivheimatort« willkommen, an der Straße schwenkten die Bewohner Fähnchen und applaudierten ihm. Man war stolz auf den berühmten Bürger der Stadt. Finley hingegen konnte es kaum erwarten, bis die Kutsche in die Auffahrt zu seinem Haus einbog, sich hinter ihm die Tore schlossen und er endlich wieder durch den Akazienhain fuhr.

Sarahs Schwester war mit ihrer Familie inzwischen ebenfalls in die Gegend gezogen, und auch Finleys Brüder Sidney und Richard hatten sich in der Nachbarschaft angesiedelt, nachdem sie den *Observer* verkauft hatten.

Locust Grove kam Finley wie eine Insel der Seligen vor, erst recht, da im ganzen Land Unruhe herrschte. Am 12. April 1861 begann mit dem Bombardement auf Fort Sumter in Charleston, South Carolina, und der darauffolgenden Besetzung des Forts der amerikanische Bürgerkrieg. Das Fort, mitten im Gebiet der Südstaaten gelegen, war von der Versorgung abgeschnitten und alle Versuche der Nordstaaten, Fort Sumter vom Meer her zu versorgen, schlugen fehl.

Finley verfolgte das Geschehen täglich, obwohl er in seinem idyllischen Locust Grove im Staate New York nicht direkt vom Krieg betroffen war – denn gekämpft wurde ausschließlich in den Südstaaten. Aber die Spaltung zwischen den Nord- und Südstaaten tat Finley nahezu physisch weh. Ein Amerikaner, fand er, sollte weder Nord noch Süd noch Ost oder West kennen.

Als überzeugter Patriot konnte er einfach nicht verstehen, warum einige der Sklaven haltenden Südstaaten als Reaktion auf die Wahl Abraham Lincolns zum Präsidenten aus der Union ausgetreten waren. Lincoln setzte sich mit allen ihm zur Verfügung stehenden Mitteln für die Abschaffung des Sklaventums ein, das Finley immer noch befürwortete. Die Südstaaten waren ihm fern, doch er hatte viele schöne Erinnerungen an die Jahre, in denen er als Maler in Charleston gelebt hatte, oder an die Besuche bei Sarahs Mutter und Bruder in New Orleans.

Wo auch immer man ihm Gelegenheit dazu gab, äußerte sich Finley öffentlich. Ein Christ führe keinen Bruderkrieg, das war seine wesentliche Botschaft. Er verfasste ein vierzig Seiten langes Pamphlet, in dem er die Briten beschuldigte, den Krieg in Amerika forciert zu haben. Die Schrift *The Present Attempt to dissolve the American Union. A British Aristocratic Plot* (Der aktuelle Versuch, die amerikanische Union aufzulösen. Ein britisch-aristokratisches Komplott) gab Anlass zu vielen Diskussionen. Weder im Süden noch im Norden machte er sich mit seinen Äußerungen beliebt.

»In meinem Herzen werde ich die Nord- und die Südstaaten

165

nie trennen, wie sehr sie auch politisch und geografisch getrennt sein mögen«, notierte Finley (II, S. 263).

Zwar stand er mit seinen Thesen durchaus nicht allein da, doch bekam er von allen Seiten letztlich so viel Kritik zu hören, dass er sich enttäuscht zurückzog. »Ich bin sehr deprimiert. Da ist kein Licht am politischen Himmel. Unser Land ist tot. Ich sehe keine Hoffnung für die Union. Wir sind zwei Länder, und, was noch viel beklagenswerter ist, zwei verfeindete Länder«, schrieb Finley an seinen Freund Amos Kendall (23. Juli 1862, II, S. 267). Doch hier täuschte er sich: Mit dem Ende des Krieges wurde 1865 die Union wiederhergestellt.

Finleys Einstellung blieb unverändert. Die Abschaffung des Sklaventums empfand er als unerlaubten Eingriff in die Weltordnung Gottes. An der »Emanzipation der Neger« konnte er beim besten Willen nichts Gutes finden. Schließlich gehörten Sklaven seit seiner Kindheit zum Familienbild. Bei seinen Eltern in Charlestown hatte ein schwarzer Junge namens Abraham gewohnt und sich um das Pferd gekümmert. Mit ihm hatte Finley oft gespielt. Sein Vater Jedediah hatte in Boston eine Kirche und eine Schule für die Schwarzen gegründet.

Jedediah Morse war fortschrittlicher als sein Sohn gewesen. In seinen geografischen Werken prangerte er das Sklaventum als unvereinbar mit den republikanischen Prinzipien an. Aber Finley war – obwohl er seinen Vater verehrte – nicht abzubringen von seiner Idee, dass Schwarz und Weiß nicht zusammenpassten und eine getrennte Behandlung erforderten. In einem weiteren Pamphlet, *An Argument on the Ethical Position of Slavery in the Social System, and its Relation to the Politics of the Day* (Über die ethische Frage der Sklaverei im sozialen System und ihr Verhältnis zur Tagespolitik), verwies er darauf, dass bereits in der Bibel das Sklaventum gutgeheißen werde. Sein Bruder Sidney teilte Finleys Meinung und sorgte dafür, dass seine Essays und Artikel zu diesem brisanten Thema im *Observer* veröffentlicht wurden. Sein Bruder Richard hingegen widersprach Finley heftig. Richard stand von Anfang an auf Präsident Abraham Lincolns Seite und gab ihm bei der Wiederwahl seine Stimme, während Finley der Ansicht war, Frieden könne es nur geben, wenn diese Wiederwahl verhindert würde, und seinem Bruder sogar damit drohte, er werde bei einem Sieg Lincolns das Land verlassen.

Auf das Drängen von Freunden hin übernahm Finley den Vorsitz in einem örtlichen Verband zur Förderung der nationalen Einheit, einer Vereinigung von Kriegsgegnern, in der sich auch Finleys Nachbar in Poughkeepsie, der einflussreiche amerikanische Historiker Benson John Lossing, engagierte.

»Ich spüre, dass ich nicht mehr jung bin, dass meine Karriere, ob zum Guten oder zum Schlechten, ihrem Ende zugeht. Aber ich will all meine Energie und all meinen Einfluss meinem Land zur Verfügung stellen« (22. August 1862, II, S. 269).

Seine konservativen Ansichten über das Sklaventum hatten Finley deutlich mehr Feinde als Freunde eingebracht. Aber das störte ihn kaum; was ihm zu schaffen machte, war, dass beide Armeen seinen Telegrafen für kriegerische Zwecke benutzten.

Kurz nach dem Angriff auf Fort Sumter hatten die Nordstaaten damit begonnen, ein militärisches Telegrafenkorps zusammenzustellen, dem zweitausend Männer angehörten. Somit wurde der Telegraf zur »rechten Hand der Armee«, wie es Edwin M. Stanton, der impulsive Kriegsminister von Abraham Lincoln, begeistert ausdrückte.

Die schnelle Kommunikation ermöglichte es den Generälen, die Truppen entsprechend zu bewegen, strategische Entscheidungen zu treffen und Befehle zum Kampf zu geben. Ausgerechnet seine Erfindung also nützte dem Krieg, den er so verabscheute! War sie wirklich zum Wohl der Menschheit? Sein Alphabet sollte Fortschritt und Frieden bringen, nun aber förderte es Zank und Krieg.

Über siebzig Jahre war Finley alt, sein schlohweißes Haar reichte ihm bis auf die Schultern, seine Augen glitzerten immer noch neugierig, und ein langer weißer Bart umrahmte sein Kinn. Trotz seines hohen Alters stand er jeden Morgen um halb sieben auf und saß ab acht an seinem Schreibtisch. In den Nachmittagsstunden spazierte er durch die Parkanlage von Locust Grove. Die Pfade waren von Tulpen, Hyazinthen und Fuchsien gesäumt. Er besuchte sein Eichhörnchen, das er gezähmt hatte. Es sprang ihm auf die Schulter, kletterte über seinen Arm hinunter und fraß ihm aus der Hand. Er dankte Gott für Locust Grove. Wenn er schon seinen drei älteren Kindern kein Zuhause hatte bieten können, so hatte er doch für Sarah und die jüngeren ein Heim geschaffen.

Mit über siebzig hatte Finley sieben Kinder im Alter von vier bis zweiundvierzig Jahren – das machte ihm so schnell keiner nach.

Die beiden Söhne Arthur und Willie besuchten die Schule in Newport, Rhode Island, wo sie Französischunterricht erhielten und im christlichen Glauben erzogen wurden. »Vergesst nicht, dass ihr Morses seid!«, bläute Finley ihnen ein. »Euer Großvater war der Begründer der amerikanischen Geografie.« Cornelia und Edward verbrachten ihre freie Zeit am liebsten im Park von Locust Grove.

Seine großen Kinder Susan, Fin und Charles unterstützte Finley immer noch finanziell. Jetzt, da die Einnahmen für den Morse-Telegrafen aus Europa und Amerika flossen, konnte er sich das endlich leisten. Sein Sohn Charles und dessen Frau Manette besuchten Finley mit ihrem Sohn Bleecker, sooft es ging, in Locust Grove. Den beiden Enkeln, Bleecker und Susans Sohn Charles, war Finley sehr zugetan. Er wollte das malerische Talent von Charles fördern und drängte Susan und seinen Schwiegersohn, ihn in Europa Malerei studieren zu lassen, wusste er selbst doch nur zu gut, wie wichtig es für junge Menschen war, dass sich jemand bei den Eltern für sie einsetzte. Wie dankbar war er seinem

Porträt Morse, um 1863

verstorbenen Freund Washington Allston, der es ihm in seiner Jugend ermöglicht hatte, den Schritt nach Europa zu tun und ein freies Leben als Künstler zu beginnen! Welch einen langen Weg hatte er seitdem beschritten.

Kürzlich war ihm zu Ohren gekommen, dass ihm zu Ehren sogar eine Statue im Central Park aufgestellt werden sollte. Ob er das noch erleben würde?

1867 fand die Weltausstellung in Paris statt, die Finley unbedingt besuchen wollte. Sein Telegraf würde ausgestellt sein, und wie aufregend waren all die Neuerungen, die man dort bestaunen konnte! Im Juni 1866 brach Finley mit Sarah, den vier jüngeren Kindern und ihrem Lehrer zu seiner letzten Europareise auf.

Den Sommer verbrachten sie in der Schweiz und unternahmen ausgedehnte Wanderungen durch die Alpen. Die beiden Söhne Arthur und Willie blieben mit dem Lehrer in Genf. Finley und Sarah, Cornelia und Edward reisten weiter nach Paris, wo Finley eine geräumige Wohnung in der Avenue du Roi de Rome in der Nähe der Champs-Élysées fand, neu eingerichtet, fröhlich, ohne die Schwere des dunklen, alten Mobiliars, die Pariser Wohnungen oft zu eigen war. Hier wollte er mit seiner Familie für ein paar Monate bleiben.

Paris hatte sich verändert seit Finleys erstem Besuch in Frankreich. Die Stadt hatte nun nahezu zwei Millionen Einwohner und war eleganter geworden. Finley genoss das Pariser Leben der *haute bourgeoisie*. Mit Sarah und den Kindern fuhr er in der Pferdekutsche in den Bois de Boulogne, oder er besuchte mit seiner Frau und seiner Tochter die berühmten Hofbälle in den Tuilerien. Paris war im Begriff, das Zentrum der Modewelt zu werden, und Finley stattete sich nun, da er es sich leisten konnte, standesgemäß aus: Er ließ sich ein seidenes blaues Jackett mit Stehkragen schneidern, bestickt mit goldenen Lanzen. Dazu kaufte er in einem feinen Pariser Zwirnladen eine Kaschmirweste mit vergoldeten Knöpfen und eine weiße Krawatte. An das Jackett heftete er alle Orden, die er erhalten hatte: das französische Großkreuz Légion d'honneur, die Goldmedaillen aus Preußen, Württemberg und Österreich, die Ritterkreuze aus Italien und Portugal und sogar die Medaille des Cavaliere Commendatore von Isabella der Katholischen – und das, obwohl Finley mit den Katholiken doch eigentlich auf Kriegsfuß stand; nun, in dem Fall drückte er ein Auge zu.

In dieser Aufmachung erschien er zur Audienz bei Napoleon III., der ihn mit den Worten begrüßte: »Ihr Name ist uns hier wohlbekannt, Monsieur«, was Finley am selben Abend noch in seinem Tagebuch vermerkte (II, S. 285).

Gleichfalls im Sommer 1866 unternahm Cyrus Field seinen letzten Versuch, die Alte und die Neue Welt mit dem Atlantikkabel dauerhaft zu verbinden. Im Juli 1866 war das Dampfschiff *Great Eastern* von der irischen Küste gestartet, mit verbesserter Mechanik und galvanisiertem Kabel. Mit nur einer Panne erreichte das Schiff nach zwei Wochen Neufundland. Es war zu keinen weiteren Störungen gekommen. Die Expedition war an ihrem Ziel, das Kabel lag diesmal gut geschützt und sicher im Atlantik. Erneut und diesmal hoffentlich endgültig gratulierte Königin Victoria dem amerikanischen Präsidenten, nun Andrew Johnson, zu der historischen Verbindung der USA mit England. London und New York konnten fortan über den Telegrafen miteinander kommunizieren. Die Zeitungen berichteten auf der Titelseite von der Sensation: »England und Amerika verbunden!« Nach jahrelangen Versuchen war es endlich geglückt – denn diesmal hielt die Verbindung. Finleys Vorhersage war unumstößliche Wirklichkeit geworden. Finley sandte Cyrus Field Glückwünsche aus Paris.

Am 1. April 1867 begann die Weltausstellung, die bis Oktober sechs Millionen Menschen besuchten. Sie war das Ereignis des Jahres. Um zwei Uhr nachmittags, nachdem Kaiser Napoleon mit seiner Gemahlin am Arm feierlich die Promenade im Palast abgeschritten war, galt die Weltausstellung offiziell als eröffnet. Nahezu alle Fürsten Europas waren zu diesem gesellschaftlichen Ereignis nach Paris gekommen. Unzählige Nationalwimpel und Kaiseradler Frankreichs flatterten in der lauen Frühlingsluft. Geschmückt mit Blumen und Flaggen, erstrahlte der Stahlpalast in stolzem Glanz. Finley hatte mit seiner Familie einen Ehrenplatz. Und nach der Zeremonie war er zum Kerzendinner im Hôtel de Ville eingeladen. Hätte er noch mit dem Pinsel umgehen können – diese festlich geschmückte Tafel wäre es wert gewesen, auf der Leinwand festgehalten zu werden!

Gleich am nächsten Morgen begab sich Finley wieder zur Ausstellung. Er wollte alle in dem riesigen Oval präsentierten Industrie- und Kulturgüter von allen einundvierzig ausstellenden Nationen sehen.

Sein erster Weg führte ihn natürlich in die Abteilung Telegrafie, wo der Morse-Telegraf ausgestellt war. Da stand er nun, mit seiner Frau und den Kindern, vor ihm auf der Pariser Weltausstellung! In diesen Raum pilgerte er ab sofort täglich. Schließlich konnte man nicht jedes Jahr seine eigene Erfindung auf einer Weltausstellung besuchen und sich unerkannt unter die Besucher mischen. Der eine oder andere beäugte ihn zwar auffällig lange, aber niemand wagte es, ihn anzusprechen. Sind Sie nicht Herr Morse? Der Erfinder dieses Apparats und Alphabets? Ein Foto von ihm hing nicht im Raum, und ältere Männer mit weißen Bärten gab es schließlich zur Genüge. Finley liebte solche Inkognito-Auftritte. Hier, allein in der Menge, fühlte er sich auf seinem ganz privaten Höhepunkt und lächelte heimlich und glücklich: mein geliebter T!

Auch sein Enkel Charles, der auf das Drängen des Großvaters hin tatsächlich in Paris Malerei studieren durfte, begleitete Finley und die Familie mehrmals zur Ausstellung. Sie alle genossen die künstlerischen Wasserspiele und die vielen Jahrmarktsbuden, die in dem gewaltigen Kolosseum aus Stahl für Zerstreuung sorgten. Finley hatten es insbesondere die fremdländischen Gaststätten angetan. Es gab so viele Speisen, die er nicht kannte! Wie gern hätte er alle ausprobiert, doch das war an Sarahs Seite nicht so einfach. Seine Frau achtete sehr darauf, dass er sich gesund und mäßig ernährte.

Finley war eigentlich ein disziplinierter Mensch, in Paris jedoch drohte er der Unvernunft zu verfallen. Und erst recht in dem Paris der fiebrigen Tage der Weltausstellung!

Im Februar 1868 fuhr Finley mit seiner Familie nach Deutschland. In Dresden besuchte er mit seiner Frau und den Kindern die berühmte Oper; sie sahen Aufführungen von Richard Wagners »Tannhäuser« und »Der fliegende Holländer«. Finley legte großen Wert auf eine musikalische Bildung seiner Kinder. Arthur spielte Violine und Cornelia Klavier. Neben soliden Sprachkenntnissen war die Musik in Finleys Augen ein unverzichtbares Gut, das er seinen Kindern mit auf den Weg geben wollte.

Von Dresden ging die Reise weiter nach Berlin, wo sich das größte staatliche Telegrafenamt Europas befand. Mehrere Hundert Männer saßen in der riesigen, vom Klicken durchdrungenen Halle. Welche Aufregung herrschte hier vor der Ankunft von Samuel Finley B. Morse! Als Finley die Halle betrat, verstummte das Klicken schlagartig, die Männer erhoben sich und standen stramm, wie zu einem militärischen Gruß.

»Meine Herren, Sie haben die Ehre, den Vater der Telegrafie vor sich zu sehen!« Mit diesen Worten hieß der königlich preußische Generalmajor und Begründer der deutschen Militärtelegrafie Franz von Chauvin Finley in Berlin willkommen und verbeugte sich vor ihm. Die Telegrafisten applaudierten lautstark und anhaltend, sodass es Finley kaum gelang, das Wort zu ergreifen.

»Ich bin etwas eingeschüchtert davon, so viele meiner Kinder gleichzeitig zu sehen und plaudern zu hören. Ich danke Ihnen!« Dabei deutete er auf die endlosen Reihen von Telegrafen und streckte die Hände nach vorn, als wollte er die vielen Hundert Angestellten alle mit einem Griff in seine Arme schließen.

Der Postamtsdirektor sprach Finley im Namen Preußens seine Anerkennung aus für die großen Errungenschaften auf dem Gebiet der Telekommunikation. Denn Preußen habe seine Machtstellung ausbauen können – nicht zuletzt dank der Erfindung des Herrn Morzy. In seiner Aufregung nannte der Postamtsdirektor Finley Morzy, was Gelächter im Saal hervorrief. Finley lächelte leise und amüsiert in seinen Bart hinein.

An der Wand hing eine große Landkarte der Telegrafie, in der alle Telegrafen auf deutschem Gebiet und in der österreichischungarischen Monarchie eingezeichnet waren.

Franz von Chauvin betonte, wie wertvoll der Telegraf im Preußisch-Österreichischen Krieg gewesen war. So schnell hätte man erfahren können, wo die Feinde standen! Finley biss sich auf die Lippen. Ihm sei der Frieden lieber, antwortete er dem verdutzten Herrn von Chauvin kurz und bündig.

Finleys letzte Europareise ging zu Ende. Erfüllt kehrte er nach Amerika zurück, um am 22. Mai 1868 sein geliebtes Heim am Hudson zu betreten. Sein Sohn Arthur war in der Schweiz geblieben und widmete sich dort dem Sprachenstudium. Finley ließ ihn in der Ferne an seinem häuslichen Glück teilhaben. »Ich sitze wieder an meinem Schreibtisch in der südlichen Veranda. Nie kam mir Grove liebreizender vor« (Brief an den Sohn Arthur, 21. Juni 1868, II, S. 295).

Die Bewohner von Poughkeepsie hatten ihn erneut mit allen Ehren empfangen: Die Glocken läuteten, die Kinder hatten schulfrei und gaben ihm das Ehrengeleit vom Bahnhof bis nach Locust Grove. Er war zurück nach Hause gekommen.

In New York wurde zu Ehren des »Erfinders des Schrifttelegrafen und Vaters der modernen Telegrafie« ein Bankett gegeben. Zu dem Dinner im eleganten »Delmonico« an der Ecke Fifth Avenue und Fourteenth Street waren über zweihundert Ehrengäste geladen. Auch Amos Kendall war gekommen, obwohl sein schlechter Gesundheitszustand diese Strapazen eigentlich kaum noch erlaubte.

Cyrus Field schickte ein Glückwunschtelegramm, dem er den humorvollen Nachsatz anfügte: »Dieses Telegramm wurde um vier Uhr nachmittags von London abgeschickt und erreichte das Festkomitee um zwölf Uhr fünfzig.« Es folgten Applaus und Gelächter, in das Finley einstimmte. Er war innerlich ausgesöhnt mit Field.

Die Redner überschütteten Finley mit Lob. Der britische Gesandte Sir Edward Thornton bezeichnete ihn als glücklichen Menschen, da es ihm vergönnt sei, seinen Namen auf ewig mit dem »größten Wunder und der größten Wohltat dieses Jahrhunderts« verbunden zu sehen. An dieser Stelle unterbrachen die Festgäste den Redner mit begeistertem Applaus, und als Finley sich vor ihnen verneigte, erhoben sich alle von ihren Plätzen.

Der Richter Salmon P. Chase ehrte in seiner Ansprache jenen Mann, der das Gericht so viele Male beschäftigt hatte, und reihte seine Leistung in die großen Entdeckungen des Jahrhunderts ein: »Viele glänzende Namen werden jenen in den Sinn kommen, die sich mit der Geschichte des Telegrafen beschäftigen. Unter ihnen wird jener von Volta sein, des Italieners, auf dessen Entdeckungen die Erfindung der Batterie zurückgeht; Ørsted, der Däne, der als Erster die magnetischen Eigenschaften des elektrischen Stroms erkannte; Ampère und Arago, die Franzosen, die seine Versuche erfolgreich weiterführten, sowie Sturgeon, der Engländer, von dem es heißt, er hätte den ersten Elektromagneten entworfen. Unter diesen illustren Herren befindet sich, nicht zuletzt, unser Landsmann Henry, der als Erster bewies, dass elektrische Ströme auf weite Distanzen gesendet werden können; und schließlich Steinheil, der Deutsche, der in die Erfindung des Telegrafen die Erdanziehung mit einbezog. Dies sind einige Namen von Erfindern, die wir für immer in dankbarer Erinnerung behalten werden.

Ihre Entdeckungen machten den Telegrafen möglich. Doch es bedurfte eines Mannes, um all das, worauf sie aufmerksam gemacht hatten, zusammenzubringen. Und diese glänzende Ehre kommt jenem bedeutenden Amerikaner zu, der heute Abend unser Gast ist; der der Welt den ersten elektrischen Telegrafen schenkte; dessen Name auf immer mit dem größten Wunder des Jahrhunderts verbunden sein wird: Professor Morse! Er untersuchte die Gesetze der Natur und stellte die Elektrizität in den Dienst der Menschheit!«

Die letzte und persönlichste Rede hielt der ehemalige Schüler von Finley und spätere Präsident der National Academy of Design Daniel Huntington. Er erinnerte sich, wie er vor mehr als dreißig Jahren den ersten Experimenten mit dem Telegrafen beiwohnen durfte. Anschaulich beschrieb er den unbeholfenen Apparat, den alten Spannrahmen, die hölzerne Uhr, die Drähte, die an den Zimmerwänden entlang verliefen, die Papierrollen, die überall herumlagen, das gespannte Lauschen auf die Ticklaute, den gebannten Blick auf die Striche, mit denen der Bleistift die Meldungen festhielt. »Die Idee war geboren. Die Worte bahnten sich einen Weg durch das hoch gelegene Zimmer, wie jetzt über den ganzen Erdball.«

Finley bedankte sich in aller Bescheidenheit für die Würdigungen. Sie erschienen ihm übertrieben. Fast so, als wäre ein anderer gemeint.

Er war nun Ende siebzig, und das hohe Alter ließ ihn abgeklärt erscheinen. Die Zeit war ihm wie im Flug vergangen. Wo waren nur all die Jahre hin?

Am 22. September 1868 starb als erster der drei Brüder Finleys jüngster Bruder Richard an Leberkrebs. Finley schrieb an seinen Sohn Arthur: »Der Jüngste ging zuerst. Und wir, die wir bleiben, werden ihm bald folgen. Das ist der natürliche Lauf der Dinge« (II, S. 296).

Im November 1869 starb Finleys Freund Amos Kendall in Washington. Finley hatte Amos Kendall stets wie einem Vater vertraut. Nie war er von ihm um Geld betrogen oder hinters Licht geführt worden. Mit der Nachricht vom Tod seines engsten Freundes verschlechterte sich Finleys eigener Gesundheitszustand. Im Juli war er auf einer Treppe in Locust Grove ausgerutscht und hatte sich das linke Bein gebrochen. Der Beinbruch heilte langsam, und die vielen Wochen, in denen er ans Bett gefesselt war, drückten ihm aufs Gemüt.

Seinen achtzigsten Geburtstag am 27. April 1871 beging Finley in Locust Grove im kleinen Kreis der Familie. Achtzig Jahre! Finley stand am Morgen seines Geburtstags vor dem Spiegel und strich sich über den Bart. Nun war er tatsächlich ein alter Mann, der auf ein langes Leben zurückblickte. Wie sich die Welt verändert hatte seit seiner Geburt im Jahre 1791! Und er, Samuel Finley B. Morse, hatte zu dieser Veränderung beigetragen.

Im Juni sollte im Central Park in New York die acht Fuß hohe Bronzestatue aufgestellt werden, die der Bildhauer Byron M. Pickett angefertigt hatte. Als ihm der Plan von den Sponsoren, der Western Union Telegraph, erstmals vorgetragen worden war, hatte Finley bezweifelt, das noch zu erleben. Und nun war bald der Tag gekommen, an dem sein Konterfei in Überlebensgröße im Central Park errichtet würde, neben Shakespeare und Schiller! Er war der erste Amerikaner, der dort stehen durfte.

Am frühen Morgen des 10. Juni 1871 trafen sich zweitausend Telegrafisten aus ganz Amerika auf einem Ausflugsdampfer am North River, wo Samuel Finley Morse einst die ersten Versuche mit der Unterseetelegrafie durchgeführt hatte. Eine Kapelle spielte an Bord, und man ließ Finley in Abwesenheit hochleben. Denn er war zu Hause geblieben, und auch an der Enthüllungsfeier selbst nahm er nicht teil. Es wäre ihm sonderbar erschienen, sein eigenes Monument zu begrüßen. In einen sieben Fuß hohen Granitsockel war sein Name gemeißelt. Darüber stand er, in Bronze gegossen: ein riesiger Samuel Finley B. Morse.

Die Ehrengäste nahmen für die Zeremonie ihre Plätze auf der Tribüne ein. Der Bürgermeister von New York, A. Oakey Hall, hielt eine Rede und ein Gebet wurde gesprochen. Es war ein angenehm kühler Sommertag und um die Statue drängten sich Tausende von Menschen.

Zum abendlichen Festakt in der Academy of Music erschien Finley endlich selbst – in seinem eleganten Anzug aus Frankreich. Die 1854 eröffnete Academy of Music war mit viertausend Plätzen

Die Morse-Statue im Central Park in New York

das größte Opernhaus der Welt. In der Mitte der Bühne hatte man den originalen Morse-Telegrafen der Washington-Baltimore-Linie aufgestellt. Er war mit der ganzen Welt verbunden. Eine junge Telegrafistin bediente ihn. Finley erhob sich feierlich und ließ von ihr seine Botschaft an alle Telegrafisten senden: »Ehre sei Gott in der Höhe und Friede den Menschen auf Erden.« Es war der gleiche biblische Satz, den Finley für das Atlantikkabel ausgewählt hatte, mit dem er sich nun von seinen Telegrafen verabschiedete. Als die junge Dame mit der Botschaft zu Ende war, trat Finley an ihren Platz und begann langsam, mit zittrigen Fingern, in seinem Alphabet seinen Namen dahinterzusetzen. Als er zum letzten E kam – einem einzelnen Punkt – erhob sich Hurra rufend die Menge im Saal.

Finley blickte auf die jubelnden Menschen, und während er sich vor ihnen verneigte, suchte er mit verschwommenem Blick Sarah und sah, wie sie ihm zulächelte. Er war alt, aber er war nicht allein. Aus New Orleans, Quebec, San Francisco, Halifax, Havanna, Hongkong, Bombay kamen Antworten auf seinen Gruß. Finley befiel ein unkontrollierbares leichtes Zittern, wie es die Verwirklichung eines großen Traums hervorruft. Nach jahrelangen Enttäuschungen und Kämpfen hatte er alles erreicht. Nun war es an der Zeit, Abschied zu nehmen.

Bald nach den Feierlichkeiten zur Errichtung der Statue beschloss Finley, mit Sarah in seine Stadtwohnung in New York zu ziehen. Das Leben in seinem geliebten Landhaus war zu beschwerlich für ihn geworden. Mit Bedacht wählte er wenige Möbel und Gegenstände aus, die er mitnehmen wollte. Die Kutsche war voll beladen. Und als der Kutscher aus dem Gartentor fuhr, bat ihn Finley, anzuhalten; er drehte sich um und blickte lange und schweigend zurück. Er musste sich alles ganz genau einprägen, denn Locust Grove würde er nicht wiedersehen.

Wenige Wochen nachdem Finley mit Sarah nach New York gezogen war, starb sein Bruder Sidney. Als gläubiger Christ wähnte Finley die Trennung von kurzer Dauer: »Ich werde ihm bald folgen. Ich bin auch über achtzig, und ich warte darauf, dass meine Ablösung kommt« (II, S. 316).

Finley fühlte seine Kräfte schwinden und verbrachte oft ganze Tage im Bett. Er sprach immer weniger und lächelte die ihn umsorgende Sarah mit den Augen an. Mit ihr hatte er sein spätes, aber umso tiefer empfundenes Glück gefunden. Er drückte ihre Hand und hoffte, sie verstand, was er ihr damit alles sagen wollte.

Als ihr Mann immer schwächer wurde, ließ Sarah den Arzt rufen. Er horchte Finleys Atmung ab und erklärte ihm lächelnd, während er mit den Fingern auf seine Brust klopfte: »Das ist die Art der Ärzte, zu telegrafieren.«

»Sehr gut«, flüsterte Finley. Es waren seine letzten Worte. In ruhigem Gottvertrauen schloss er die Augen. Am 2. April 1872 starb Samuel Finley B. Morse.

Die Zeitungen würdigten ihn auf ihren Titelseiten als großen amerikanischen Erfinder. »Morse war vielleicht der berühmteste Amerikaner seiner Zeit«, schrieb der *Herald.* In New York wehten die Fahnen auf halbmast. In der National Academy of Design fand eine Trauerfeier statt. Im Repräsentantenhaus in Washington gab es eine Gedenkveranstaltung, bei der man ein großes Porträt von Morse aufhängte und ihn als einen der berühmtesten Bürger des Landes ehrte.

Das Begräbnis fand am 5. April in der presbyterianischen Kirche am Madison Square statt. Alle Kinder und Enkel waren nach New York City gekommen. Finley wurde neben seinen Brüdern Sidney und Richard beigesetzt. Nun war er wieder mit ihnen vereint, so wie er es sich gewünscht hatte.

Samuel Finley B. Morse war tot, doch die Streitigkeiten darüber, wer an der Erfindung des Morse-Telegrafen welchen Anteil hatte, gingen unvermindert weiter. Ohne Joseph Henry und Alfred Vail gäbe es keinen Morse-Telegrafen, und ohne Francis O. J. Smith hätte er sich nicht durchgesetzt, wurde etwa in der 1872 erschienenen Publikation *Great Industries of the United States* (Bedeutende Gewerbe der Vereinigten Staaten), dem Standardwerk der amerikanischen Technikgeschichte, behauptet. Finley hatte das Kapitel über den Telegrafen kurz vor seinem Tod noch gelesen, Anmerkungen an den Rand des Textes geschrieben, den wesentlichen Thesen aber nicht widersprochen. Auch wenn es ihm zeitweise schwergefallen war, die Leistungen der anderen anzuerkennen, hatte er sie letztendlich gewürdigt. Doch trug das Morsealphabet zu Recht seinen Namen. Und seine Familie war finanziell abgesichert. Vor allem seiner Frau Sarah hinterließ Finley ein beachtliches Erbe. Sie besaß Aktien vom Stammkapital der erfolgreichen

FRANK LESLIE'S ILLUSTRATED NEWSPAPER

Entered according to the Act of Congress, in the year 1871, by Frank Leslie, in the office of the Librarian of Congress, at Washington.

No. 822—Vol. XXXII.]   NEW YORK, JULY 1, 1871.   [Price, 10 Cents. $4 00 Yearly. 13 Weeks, $1 00.

THE BENEFICIAL INFLUENCES OF HOT WEATHER.

People generally seem to take a little-comprehensive view of the effects, beneficial and the contrary, upon the human system and character, from the extreme variations of temperature characteristic of this country. We bear many, during such a "term" as we have recently passed through, bitterly inveighing against this country, whose thermometric variations are so hard to bear. These people are apt to look only upon one side of the subject. They complain of the intense heat, and number the dire diseases which come in its train—most of which, in truth, belong less to the weather than to the imprudences in diet and the abuse of the luxuries which are the direct creation of "this horrid horrid weather."

They neglect to see the health brought by this weather itself. They enumerate the colic and diarrhœa, and yellow fevers and cholera, but they blindly forget to see how the catarrhs and lung complaints, the rheumatizms and lum- bagoes, the œrgemas and dyspepsias, are cured by the breath of glorious Summer, with its delicious fruits an I its invitations to out-of-door exercise and enjoyments. Without these, an entire cure of many of Winter's ills could never be effected. Why, even dire consumption is staid by the warm breath of this "horrid season."

NEW YORK CITY.—THE MORSE CELEBRATION AT THE ACADEMY OF MUSIC, JUNE 10TH.—PROFESSOR MORSE MANIPULATING HIS SIGNATURE TO THE MESSAGE TELEGRAPHED BY MISS SADIE E. CORNWELL.—SEE PAGE 250.

Morse an seinem Telegrafen, während der Feier in der Academy of Music

181

Western Union Telegraph, dazu kamen Beteiligungen an Ölquellen in Kentucky, Kalifornien und Kanada sowie an Versicherungsgesellschaften, allesamt kluge Anlageempfehlungen seines Freundes Amos Kendall.

Finley hatte für seine sieben leiblichen Kinder gesorgt. Und seine Tausende Telegrafenkinder auf der ganzen Welt waren darum bemüht, seinen Herzenswunsch zu erfüllen, die Überwindung der Langsamkeit.

EPILOG

Es erscheint wie eine posthume Hommage Finleys an seine Frau Sarah, dass der Morsecode im zwanzigsten Jahrhundert auch für Taubstumme eingesetzt wurde. Sie konnten Morsezeichen empfangen, indem sie die Finger auf die Membran eines Lautsprechers oder auf einen elektromagnetisch bewegten Tastknopf hielten. Sarah hätte auf diese Weise mit ihrem Mann in der von ihm erfundenen Sprache kommunizieren können.

Der originale Morsecode wurde auf ein Papierband geschrieben und abgelesen. Doch die Geräusche des Streifenschreibers lassen sich auch akkurat mit dem Ohr erkennen. Die einfachste Methode, das Morsealphabet zu erlernen, erfolgt demnach über das Gehör – denn die Geräusche der Aufzeichnungsgeräte sind für die Telegrafisten schnell und einfach zu erfassen. So breitete sich der Ticker seit den Sechzigerjahren des neunzehnten Jahrhunderts immer weiter aus und machte dem Papierstreifen Konkurrenz.

Die erste Handtaste, den sogenannten »straight key«, hatte seinerzeit Alfred Vail konstruiert und sie »Correspondent« genannt. Damit ließ sich präziser und schneller telegrafieren als mit den bisher verwendeten Schaltern. Die Kunst des »keyer« – Signale mit perfektem Timing und richtigen Abständen zu erzeugen – erforderte von Anfang an großes Geschick und wurde im Laufe der Jahre immer mehr verfeinert. Schnelle »keyers« erreichten eine enorme Geschwindigkeit: Neunmal pro Sekunde gelang es ihnen, mit dem Finger zu tippen.

Den größten Beitrag zur Schnelligkeit jedoch lieferten die Schreibmaschinen, die in den Achtzigerjahren des neunzehnten

Jahrhunderts aufkamen und sofort auch in den Telegrafenämtern eingesetzt wurden. 1926 wurden die Bezeichnungen »dit« (Punkt) und »dah« (Strich) in die internationale Telegrafistensprache eingeführt. Das sogenannte »Ditdah« entwickelte sich bald zur besten Methode, um das Morsealphabet zu erlernen. Die schnelle Worterkennung machte den fähigen Telegrafisten aus. Bis zu fünfundzwanzig Wörter pro Minute schaffte ein guter Telegrafist, ein Experte sogar bis zu sechzig Wörter.

Im Laufe der Jahre erfuhren der Telegraf und das Morsealphabet viele Veränderungen und Verbesserungen.

Der Deutsche Friedrich Clemens Gerke entwickelte den Morsecode weiter und verwendete das überarbeitete Alphabet erstmals auf der Telegrafenverbindung zwischen Hamburg und Cuxhaven. Dieses vereinfachte Alphabet wurde von der Internationalen Fernmeldeunion (International Telegraphic Union, ITU) als Internationaler Morsecode genormt und wird seitdem ständig aktualisiert.

2004 beispielsweise fügte man dem Morsealphabet das @-Zeichen hinzu: ·－－·－·

Auch im Amateurfunk und im Seefunkverkehr spielte das Morsealphabet im zwanzigsten Jahrhundert eine bedeutende Rolle.

Am 10. Juni 1909 war von dem Passagierschiff RMS *Slavonia*, das vor den Azoren Schiffbruch erlitten hatte, zum ersten Mal ein Seenotruf über Funk gemorst worden: ···－－－···

Seitdem gilt das SOS des Morsealphabets als eines der internationalen Seenotzeichen. Aber die Zeiten ändern sich.

Im Dezember 1998 stellte die deutsche Seefunkstation Nordeich Radio nach einundneunzig Jahren als eine der letzten Stationen Europas ihren Telegrafiebetrieb ein.

Im einundzwanzigsten Jahrhundert läuft die Nachrichtenübermittlung drahtlos über Satellitenverbindungen. Doch das einfache binäre System – Strom an und Strom aus, Null und Eins – ist heute noch die Basis der Computersprache und unserer modernen Kommunikation. Und Samuel Finley B. Morse ist sein Vater.

	Morsealphabet international
A	·–
B	–···
C	–·–·
D	–··
E	·
F	··–·
G	––·
H	····
I	··
J	·–––
K	–·–
L	·–··
M	––
N	–·
O	–––
P	·––·
Q	––·–
R	·–·
S	···
T	–
U	··–
V	···–
W	·––
X	–··–
Y	–·––
Z	––··

ABBILDUNGSVERZEICHNIS

Verlag und Autorin danken folgenden Personen und Institutionen für die freundliche Genehmigung zum Abdruck.

Sollten trotz sorgfältiger Recherchen bestehende Urheberrechte an Bildern übersehen worden sein, werden diese selbstverständlich im Rahmen der üblichen Vereinbarungen abgegolten.

Die Autorin dankt dem Physiker Jan Bondy für die umsichtige wissenschaftliche Beratung.

BIBLIOGRAFIE

Morse, Samuel F. B., *His Letters and Journals*, Band I, herausgegeben von Edward Lind Morse, IndyPublish.com 2008 (Boston 1914).

Morse, Samuel F. B., *His Letters and Journals*, Band II, herausgegeben von Edward Lind Morse, IndyPublish.com 2008 (Boston 1914).

Morse, Samuel F. B., *Modern telegraphy, some errors of dates of events and of statement in the history of the telegraphy exposed and rectiied*, A. Chaix and Co: Paris 1868.

Brauner, Christian (Hrsg.), *Samuel F. B. Morse. Eine Biographie*, Birkhäuser: Basel 1991.

Greeley, Horace, *Great Industries of the United States*, J. B. Burr & Hyde: Hartford 1872.

Mabee, Carleton, *The American Leonardo. A life of Samuel F. B. Morse*, Alfred A. Knopf: New York 1943. Deutsche Ausgabe: *Samuel F. B. Morse. Der amerikanische Leonardo*, aus dem Amerikanischen von Grete Pfeiffer, Rohrer Verlag: Innsbruck 1951.

Pierpont, William G., *Die Kunst der Radiotelegraphie. Ein Handbuch zum Erlernen, Anwenden, Meistern und Genießen des internationalen Morsecodes als Kommunikationsmittel*, aus dem Englischen von Olaf Rettkowski, http://www.raes.ab.ca/TASRTVersions/TASRT-German.pdf (2001).

Prime, Samuel Irenaeus, *The Life of Samuel F. B. Morse, Inventor of the Electro-Magnetic Recording Telegraph*, Appleton: New York 1875.

Silverman, Kenneth, *Lightning man. The Accursed Life of Samuel F. B. Morse*, Alfred A. Knopf: New York 2003.

Die Abkürzungen I und II im Text beziehen sich auf Band I und Band II von *His Letters and Journals*. Die Zitate wurden von Margit Knapp übersetzt. Nicht alle Briefe und Notizen sind datiert, daher haben nicht alle Zitate Datumsangaben.

Oberer See

WISCONSIN

WESTKANAD

Huronsee

Wars

Green Bay

Oskosh

MICHIGAN

Toronto

Ontariose

Prairie
du Chien

Madison

Michigansee

Saginaw

Batavi

Milwaukee

Lansing

Port Huron

Buffalo

IOWA

Janesville

Kalamazoo

Detroit

Eriesee

Iowa City

Chicago

Adrian

Cleveland

Rock Island

Michigan City

PENNSY
VANIA

Burlington

Peoria

Logansport

Fort Wayne

OHIO

Steubenville

Pittsburgh

ILLINOIS

INDIANA

Springfield

Bedford

Hannibal

Springfield

Indianapolis

Columbus

Missouri

Alton

Terre Haute

Cincinnati

Marietta

Winches

St. Louis

Salem

Ohio

Portsmouth

MISSOURI

Evansville

New Albany

Louisville

Frankfort

Charleston

VIRGINIA

Jackson

Panducah

KENTUCKY

Glasgow

ARKANSAS

TENNESSEE

Nashville

N. CAROLINA

Raleigh

Memphis

Savannah

Columbia

Fayetteville

Mississippi

Holly Springs

Florence

Tuscumbia

Granada

Columbia

S. CAROLINA

Lexington

ALABAMA

Atlanta

GEORGIA

Augusta

Charlesto

Louisville

Milledgeville

MISSISSIPPI

Jackson

Montgomery

Columbus

Macon